바다 박물관

NMA의 모든 친구들, 이저벨라와 찰리, 미래의 해양 낙관론자들에게 – *L.T.*
아케이디아 해변을 위해 – *T.W.*

OCEANARIUM
by Loveday Trinick and illustrated by Teagan White

Text copyright © 2021 by National Marine Aquarium
Illustration copyright © 2021 by Teagan White
Design copyright © 2021 by Big Picture Press
All rights reserved.

First published in the United Kingdom in 2021 by Big Picture Press,
an imprint of Bonnier Books UK, 4th Floor, Victoria House, Bloomsbury Square, London WC1B 4DA
www.templarco.co.uk/big-picture-press
www.bonnierbooks.co.uk

Original edition published in English under the title of: Oceanarium
Edited by Ruth Symons and Joanna McInerney
Designed by Nathalie Eyraud
Production Controller: Neil Randles

Korean Translation Copyright © 2021 by BIR Publishing Co., Ltd.
This Korean translation edition is published by arrangement with Big Picture Press,
an imprint of BONNIER BOOKS UK Ltd.

이 책의 한국어판 저작권은 저작권사와 독점 계약한 (주)비룡소에 있습니다.
저작권법에 의해 한국 내에서 보호를 받는 저작물이므로 무단 전재와 무단 복제를 금합니다.

내 책상 위
자연사 박물관

전 연령 입장

바다 박물관

티건 화이트 그림 · 러브데이 트리닉 글 | 이한음 옮김

비룡소

바다 박물관

들어가는 말

우주에서 바라보았을 때, 지구는 파란색이에요. 지표면의 대부분이 물로 덮여 있기 때문이지요. 이것이 바로 바다예요! 이렇게 크고 넓은 바다가 있다는 점에서 지구는 태양계의 다른 행성들과 달라요. 아마 지구는 우주 전체에서도 독특한 행성일 수 있어요. 물이 있기 때문에 지구에 생명이 존재할 수 있는 것이랍니다.

물에 사는 생물뿐 아니라 육지의 생물도 모두 바다가 있어야 살 수 있어요. 바다는 지구의 기후를 조절하고, 날씨에 영향을 미치고, 우리가 마시는 산소의 절반을 생산해요. 바다가 이렇게 중요한데도 인류가 지금까지 탐사한 곳은 아주 적어서 전체 바다의 일부에 불과해요. 지금도 바다 깊이 들어가 탐사할 때마다 새로운 발견이 이루어지지요.

많은 과학자는 지구 생명이 바다에서 시작되었다고 믿어요. 그것도 소행성들이 충돌하고 유독한 공기가 자욱하던 시기였어요. 생물이 땅 위로 올라온 것은 한참 뒤의 일이에요. 최초로 출현한 미생물로부터 우리가 오늘날 보는 온갖 생물들이 진화했어요. 생물은 물속에서 진화를 거듭했어요. 환경이 변화하면 그에 맞추어 적응하면서 아주 다양한 생물들이 출현했고, 이윽고 모든 서식지에서 생물이 번성하기에 이르렀어요. 지금까지 우리가 찾아낸 해양 동식물은 약 23만 종이지만, 아직 발견되지 않은 생물도 생각하면 200만 종까지도 될 거예요.

하지만 지금 바다에서는 종이 새로 발견되는 속도만큼 빠르게 많은 종이 사라질 수도 있어요. 인류는 기후 변화와 오염 같은 환경 변화를 일으켜서 멸종을 부추기고 있어요. 그러니 소중한 해양 자원을 탐사하고 이해하고 즐기고 보호하는 일이 점점 더 중요해지고 있어요. 바다의 생명들을 위해서 그리고 우리의 미래 세대를 위해서도 중요해요. 우리는 바다라는 야생 서식지가 얼마나 경이로운지, 우리 삶에 어떤 역할을 하는지를 이제야 겨우 이해하기 시작했을 뿐이에요.

러브데이 트리닉
영국 국립 해양 아쿠아리움

1
입구

바다 박물관에 어서 오세요!
해양 층·4 | 파란 행성·6

9
1 전시실
플랑크톤

식물성 플랑크톤·10 | 동물성 플랑크톤·12

15
2 전시실
자포동물

해파리·16 | 작은부레관해파리·18
말미잘·20 | 서식지: 산호초·22

25
3 전시실
연체동물과 극피동물

이매패류·26 | 복족류·28 | 두족류·30
극피동물·32 | 서식지: 심해·34

37
4 전시실
절지동물

갑각류·38 | 공작갯가재·40 | 서식지: 바위 웅덩이·42

45
5 전시실
어류

산호초 어류·46 | 해마와 실고기·48 | 가오리와 홍어·50 | 상어·52
고래상어·54 | 서식지: 맹그로브 숲·56

59
6 전시실
포유류

고래류·60 | 대왕고래·62 | 기각류·64 | 바다소와 듀공·66
서식지: 켈프 숲·68

71
7 전시실
조류

바닷새·72 | 서식지: 극지방·74

77
8 전시실
파충류

거북·78 | 바다악어·80 | 바다뱀·82 | 서식지: 갈라파고스 제도·84

87
9 전시실
하나의 바다

서식지: 먼바다·88 | 인간과 바다·90

93
자료실

찾아보기·94 | 바다 박물관의 큐레이터들·96

바다 박물관

입구

바다 박물관에
어서 오세요!

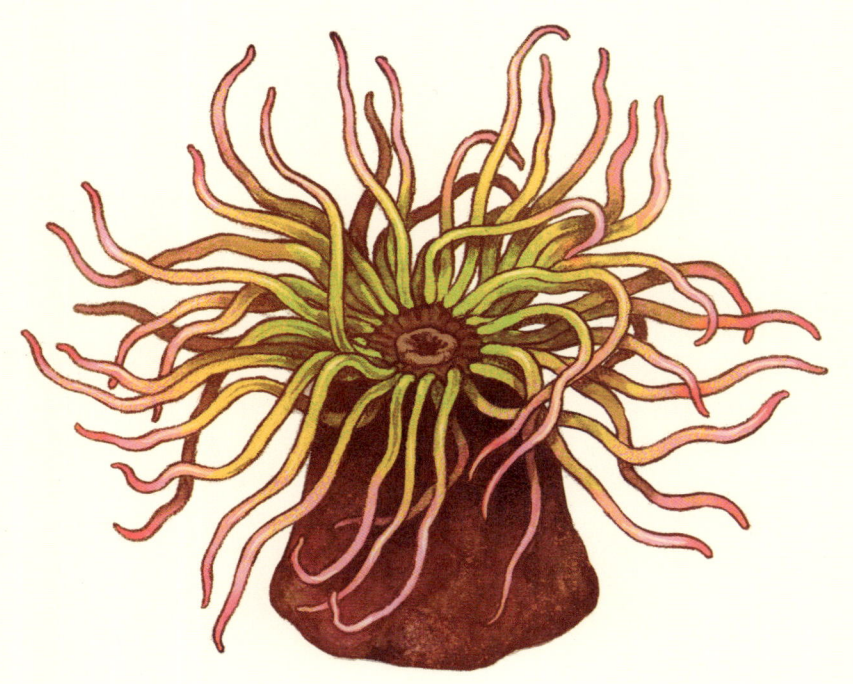

이곳은 결코 평범한 수족관이 아니에요. 하루 24시간, 일주일 내내 관람할 수 있는 이곳에는 여러분이 한 번도 본 적이 없는 놀라운 해양 생물들이 전시되어 있어요. 세계에서 가장 큰 동물, 가장 작은 축에 드는 동물을 비롯하여 색깔과 모양과 크기가 다양한 온갖 해양 생물들을 살펴볼 수 있지요.

책장을 넘기면서 수족관을 걷다 보면 바다에 사는 갖가지 경이로운 생물들과 만날 거예요. 햇빛이 드는 얕은 바다에서 가장 깊은 곳까지 여행하면서, 파도 밑에 숨어 있는 색다르면서 놀라운 생물들을 만나 보세요.

시간을 내어서 각 서식지도 유심히 살펴봐요. 아마 깜짝 놀라게 될 거예요. 거의 생명 자체만큼 오랜 세월을 살아온 종이 다음 먹이를 찾아서 느릿느릿 움직이는 모습을 볼 수도 있어요. 비늘을 반짝이면서 산호 사이를 휙휙 날쌔게 움직이는 동물도 있어요. 모래 바닥에 엎드린 채 가만히 있으면 전혀…… 알아차릴 수 없는 동물도 있어요. 마법사처럼 색깔과 모습을 바꾸어서 눈앞에서 '사라지는 듯해' 보이는 동물도 있고요.

전시실을 돌아보다 보면 바다가 우리와 깊이 연결되어 있고, 우리의 미래에도 중요한 역할을 하리라는 사실을 저절로 깨달을 거예요. 이렇게 우리가 서로 어떻게 영향을 미치는지를 아는 것이 바다와 우리의 복잡한 관계를 더 잘 이해하고, 현재 닥친 문제들을 해결하는 출발점이 될 수 있어요.

이 바다 박물관에서 바다의 비밀들을 직접 발견해 보세요. 장엄한 동물에서 색다른 동물에 이르기까지, 무시무시한 동물에서 약한 동물에 이르기까지, 경이로운 세계가 여러분을 기다리고 있어요.

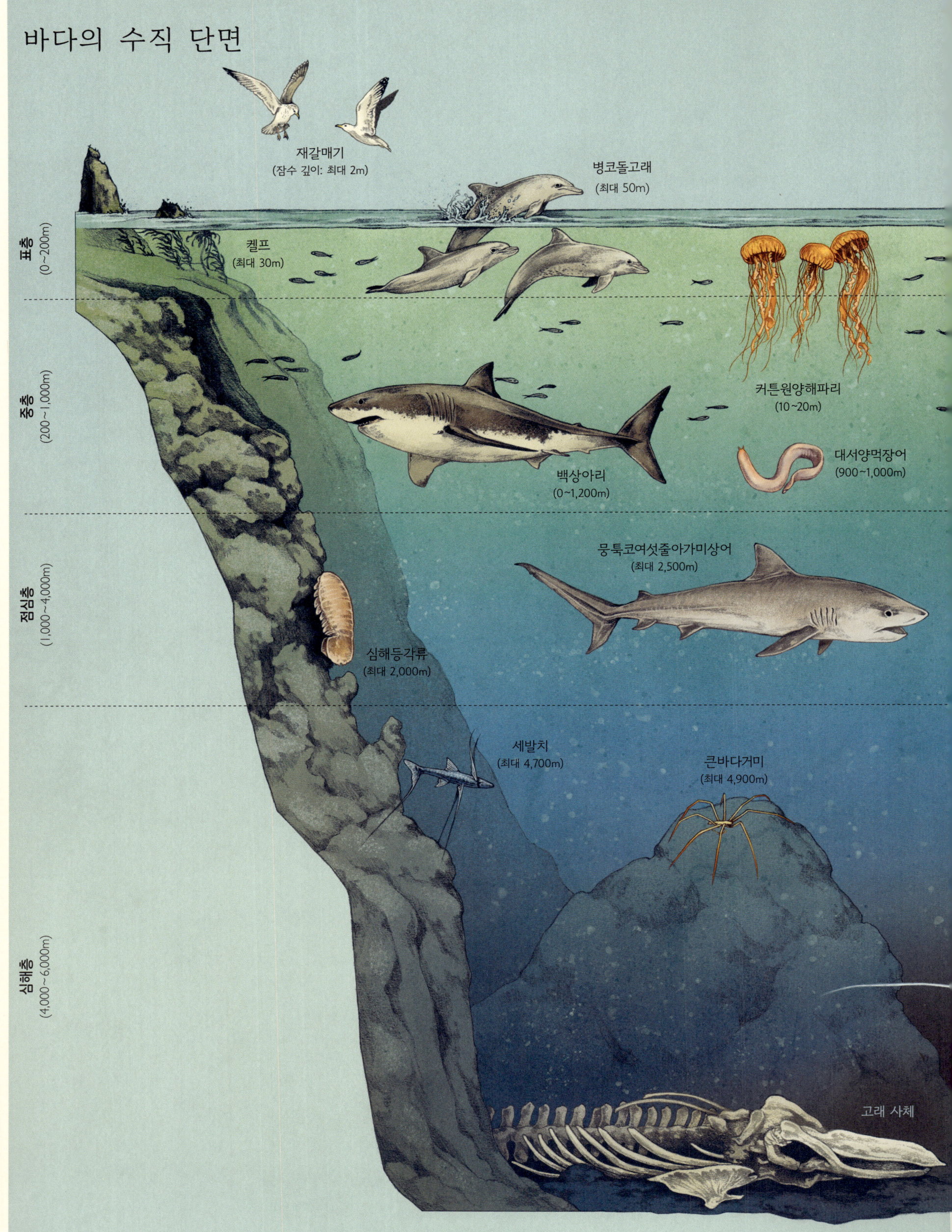

입구

해양 층

바다를 볼 때, 우리는 지구의 가장 중요한 특징을 아주 조금만 보고 있을 뿐이다. 바다는 우리 눈에 보이는 수평선 너머로 수백만 배는 더 뻗어 있고, 수면 아래로 평균 4킬로미터쯤 더 들어갈 만큼 광대하다. 그 물결 아래로 사람들이 대개 본 적이 없는 세상이 펼쳐진다.

바다는 지구에서 가장 큰 서식지이다. 상상조차 하기 어려울 만큼 아주 크다. 태평양의 마리아나해구는 수심이 1만 1,000미터라서 육지에서 가장 높은 에베레스트산이 들어가고도 2,000미터가 남는다. 바다는 지구의 동식물이 살아갈 수 있는 공간의 99퍼센트를 차지한다. 바다는 수심에 따라서 환경 조건이 다르고 사는 종도 다르다. 지구에서 가장 놀라운 종들도 있다.

해수면에서부터 깊이 들어갈수록 햇빛은 점점 약해진다. 약 100미터쯤 들어가면 희미해지고 200미터쯤이면 완전히 사라진다. 바닷말을 비롯한 광합성 생물은 햇빛이 비쳐 들어오는 위쪽 층에서만 번성한다. 그래서 해양 포유류, 바다거북, 어류를 비롯한 대다수 생물이 이 층에 산다.

컴컴한 곳으로 더 깊이 들어갈수록 수압은 점점 커진다. 1,000미터(향유고래가 사냥한다고 알려진 수심)까지 들어가면, 수압이 수면에서보다 100배 더 커진다. 얕은 물에 사는 생물들이 여기까지 가면 대부분 짜부라질 것이다. 가장 극한 환경이긴 하지만, 이곳에서도 깜박이는 불빛을 볼 수 있다. 생물 발광 종이 내는 불빛이다. 연기를 내뿜는 열수 분출구 주위에서는 쪼르르 돌아다니는 게와 우아한 해파리도 볼 수 있다. 바다 밑바닥의 갈라진 틈새로 뜨거운 마그마와 만나는 곳이다. 귀중한 영양소와 따뜻한 물이 흘러나온다.

가장 깊은 초심해층에 속한 해구에서는 수압이 1제곱센티미터 면적을 1톤의 무게가 누르는 것과 같고, 수온은 어는점에 가깝다. 예전에는 초심해층은 생물이 전혀 살 수 없는 곳이라고 생각했지만, 최초로 마리아나 해구까지 내려가서 탐사한 돈 월시와 자크 피카드는 그렇지 않다는 것을 알아냈다.(내려가는 데만 5시간이나 걸린 거의 불가능한 탐사였다.) 바로 그 가장 황량한 곳에서 거대한 곤충처럼 보이는 생물들이 이리저리 돌아다니면서 11킬로미터 위의 수면에서부터 떨어진 먹이를 주워 먹고 있었던 것이다.

바다 박물관

파란 행성

지구 바다의 역사를 이야기하려면 우주가 시작된 때로 거슬러 올라가야 한다. 138억 년 전 빅뱅 때다. 당시 엄청난 양의 수소 원자가 생겼다. 수억 년 뒤 우주가 더 식었을 때 산소 원자도 생겨났다. 그리고 수소와 산소 원자가 결합하여 최초의 물 분자인 H_2O가 탄생했다. 이때 우주 초기에 출현한 물 분자들은 지금까지도 존재한다. 지구의 강과 호수를 이루고, 공룡에서 인간과 나무를 거쳐 풀에 이르기까지 모든 생물의 몸속을 지나고, 하늘 높은 곳에서 땅속 깊은 곳까지 흐르고 있다.

물은 많은 행성과 달에서도 발견되었지만 수증기나 얼음으로 있고, 액체로 있는 곳은 거의 없다. 그 점에서 우리 행성은 특별하다. 지구는 물이 액체로 있기에 딱 좋을 만큼 태양에서 떨어져 있다. 태양에 더 가까우면 기온이 너무 높아서 물이 다 증발할 것이고, 더 멀면 너무 추워서 물이 얼어붙을 것이다. 또 강한 자기장이 지구 대기를 잡아 두고 있어서, 이 소중한 액체가 우주로 빠져나가지 않게 막는다. 그래서 지구에 물이 있기에 온갖 생물이 번성할 수 있다.

우리 행성에 물이 없던 때도 있었을지 모른다. 몇몇 과학자는 이 물이 대부분 지구 생성 초기에 물을 지닌 소행성과 유성이 우주를 떠돌다가 지구에 충돌하면서 온 것이라고 믿는다. 한편 지구 초기에 수증기가 있었다는 증거도 있다. 이 수증기는 지구가 식었을 때 비가 되어 내렸을 것이다. 비는 초기 지구 표면에 가득했던 크레이터들을 수백 년에 걸쳐서 물로 다 채웠을 것이다. 그 물이 지금까지 있는 것이다.

바다가 지구 초기부터 똑같은 모습으로 있었던 것은 아니다. 한때 지구의 모든 육지는 하나로 붙어서 판게아라는 거대한 초대륙을 이루었다. 따라서 바다도 하나가 되었다. 그 뒤로 상상할 수도 없이 긴 지질학적 시간에 걸쳐 지각이 충돌하고 이동하면서 대륙들이 서로 갈라져 나갔다. 바다도 모습이 달라졌지만, 그래도 대륙들과는 달리 서로 연결되어 있었다. 지금도 우리는 땅에 발을 딛지 않은 채로 바다를 따라 세계 일주를 할 수 있다. 약 5만 킬로미터에 걸친 여행이 될 것이다.

바다가 처음 생긴 뒤로 아주 오랜 세월이 흘렀다. 현재 바다에는 약 13억 세제곱킬로미터의 물이 담겨 있고, 생명이 우글거린다. 바다는 지표면의 70퍼센트 이상을 덮고 있기에 우리 행성의 가장 두드러진 특징이라고 할 수 있다. 이 놀라운 특징이 우리 고향 행성을 너무나 잘 표현하기에 우리가 가장 좋아하는 지구의 별명도 생겼다. 바로 파란 행성이다.

그림 설명

1: **스필하우스의 지표면 펼침 과정**
스필하우스는 바다 전체를 하나로 보여 주기 위해서 지표면의 대륙을 쪼개고 나누어서 펼쳐 보았다.

2: **해류를 표시한 스필하우스 투영법**
스필하우스 박사가 1942년에 만든 이 지도는 모든 바다가 하나로 연결되어 있음을 알려 준다. 다른 지도들과 달리 스필하우스의 지도는 지구의 물 분포에 초점을 맞춘다. 물이 지구의 주된 특징임을 보여 준다. 해류가 생기는 이유는 물의 밀도 차이 때문이다. 차갑고 짠 바닷물은 밀도가 높아서 가라앉는 반면, 따뜻하고 덜 짠 물은 더 가벼워서 위에 뜬다. 지도의 화살표는 차가운 심층 해류(파란색)와 따뜻한 표층 해류(빨간색)의 방향을 가리킨다. 해류는 물뿐 아니라 에너지를 지구 전체로 운반하며, 그럼으로써 날씨와 기후에 영향을 미친다.

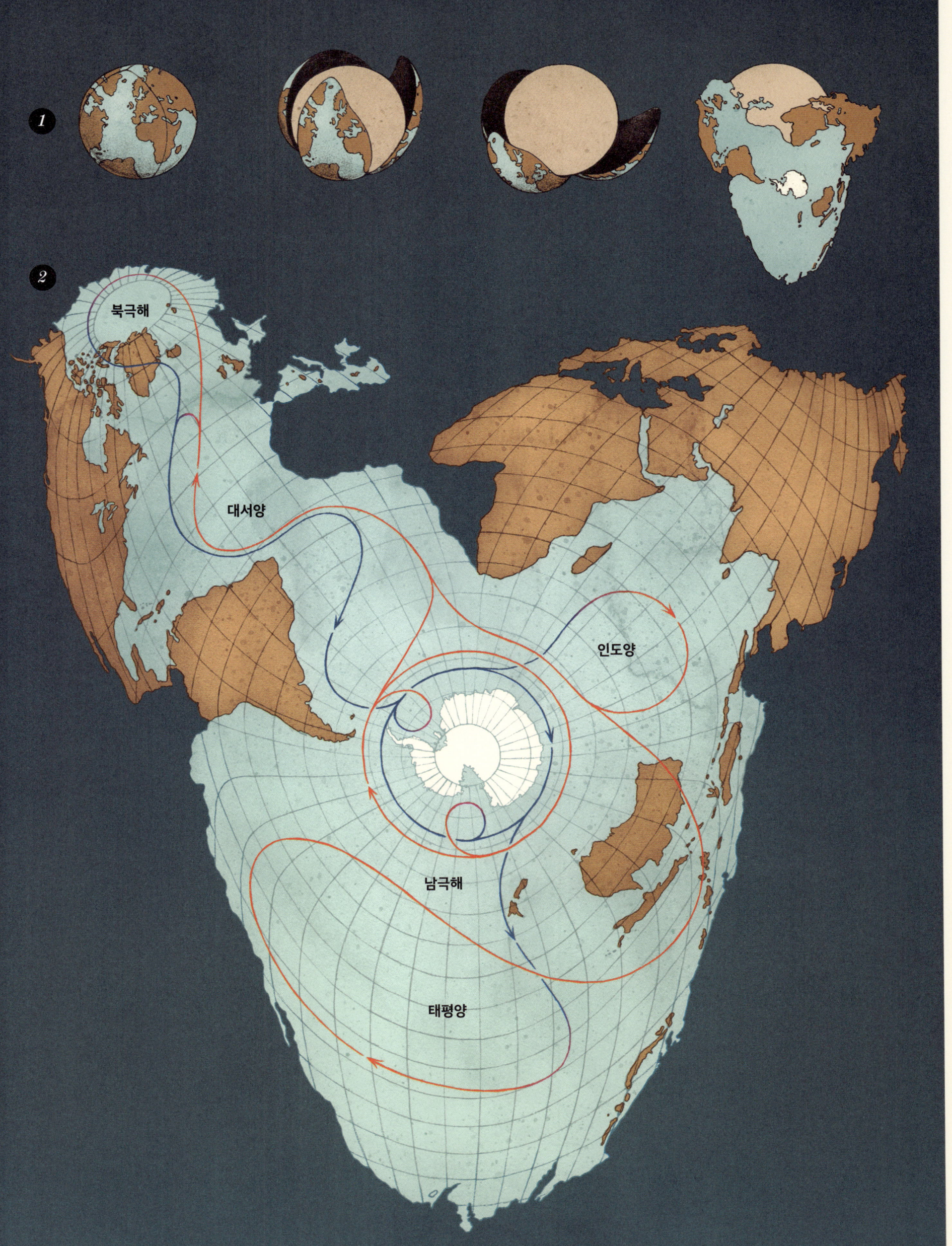

바다 박물관

1 전시실

플랑크톤

식물성 플랑크톤
동물성 플랑크톤

플랑크톤

식물성 플랑크톤

지금까지 지구에 출현한 생명들 가운데 가장 작은 생물 몇몇과 가장 큰 생물도 바다에 산다. 가장 작은 생물은 플랑크톤이다. 해류를 거슬러서 헤엄치지 못하고 떠돌이처럼 해류에 실려서 떠다니는 미생물이다. 플랑크톤은 대부분 아주 작아서 마이크로미터(μm) 단위로 잰다. 1센티미터는 1만 마이크로미터다.

몇몇 플랑크톤은 식물과 좀 비슷하게 행동해서, 식물성 플랑크톤이라고 한다. 육상 식물처럼 식물성 플랑크톤도 광합성을 해서 스스로 양분을 만들 수 있다. 이 과정에서 산소가 부산물로 나온다. 과학자들은 지구 대기에 있는 산소의 약 절반을 바다의 플랑크톤이 내뿜는다고 추정한다. 이 광합성 능력 덕분에 식물성 플랑크톤은 해양 먹이사슬의 바닥에 있는 일차 생산자다. 아주 작은 동물성 플랑크톤에서 백상아리에 이르기까지 많은 해양 동물에게 먹이를 제공하기에, 생태계 전체를 유지하는 데 대단히 중요하다.

광합성에는 햇빛이 필요하므로 식물성 플랑크톤은 해수면 가까이에 살아야 한다. 봄과 여름에 햇빛이 많아지기 때문에, 이 시기에 식물성 플랑크톤은 대량으로 불어날 수 있다. 이를 조류 대발생이라고 한다. 식물성 플랑크톤이 늘면서 자연스럽게 다른 해양 생물들도 폭발적으로 불어나지만, 식물성 플랑크톤이 너무 많아지면 피해가 생길 수 있다. 이런 현상을 유해 조류 대발생(적조 현상)이라고 하는데, 바닷물에 독소가 증가하고 산소가 고갈되면서 그곳이 '죽음의 해역'으로 변할 수 있다. 바다의 동식물이 아예 살 수 없는 곳이 된다는 뜻이다. 농경지에서 바다로 흘러나온 비료가 양분이 되어 조류가 마구 불어날 때 일어나곤 한다. 육지의 활동이 바다에도 영향을 미친다는 것을 잘 보여 주는 사례다.

그림 설명

1: 남세균
학명: *Prochlorococcus marinus*
지름: 약 0.6μm
이 작은 플랑크톤은 지구에서 가장 수가 많은 광합성 생물 중 하나다. 바닷물 1밀리리터에 약 10만 마리가 들어 있기도 한다.

2: 쌍편모충
학명: *Ceratium ranipes*
지름: 최대 200μm
이 쌍편모충은 낮에는 '손가락'처럼 생긴 돌기를 쫙 펼친다. 몸속에는 광합성을 하는 엽록체가 들어 있다.

3: 돌말(규조류)
학명: *Ditylum brightwellii*
길이: 최대 300μm
작은 단세포 조류인 이 돌말은 유리 성분인 이산화규소로 몸을 감싼다. 즉 사실상 유리 온실 안에서 산다.

4: 석회비늘편모류
학명: *Emiliania huxleyi*
길이: 약 3.5μm
석회비늘편모류는 햇빛을 반사하는 석회질 원반으로 몸을 감싼다. 이 생물이 대발생하면, 이들이 반사하는 빛이 우주의 인공위성에서도 보인다.

5: 야광충
학명: *Noctiluca scintillans*
지름: 최대 2,000μm
자극을 받으면 생물 발광을 통해 빛을 낸다. 그러면 밤에 바다가 청록색으로 은은하게 빛난다.

6: 센털돌말
학명: *Chaetoceros debilis*
길이: 최대 20μm
이 미세한 조류는 줄줄이 붙어서 나선형의 긴 사슬을 이룬다.

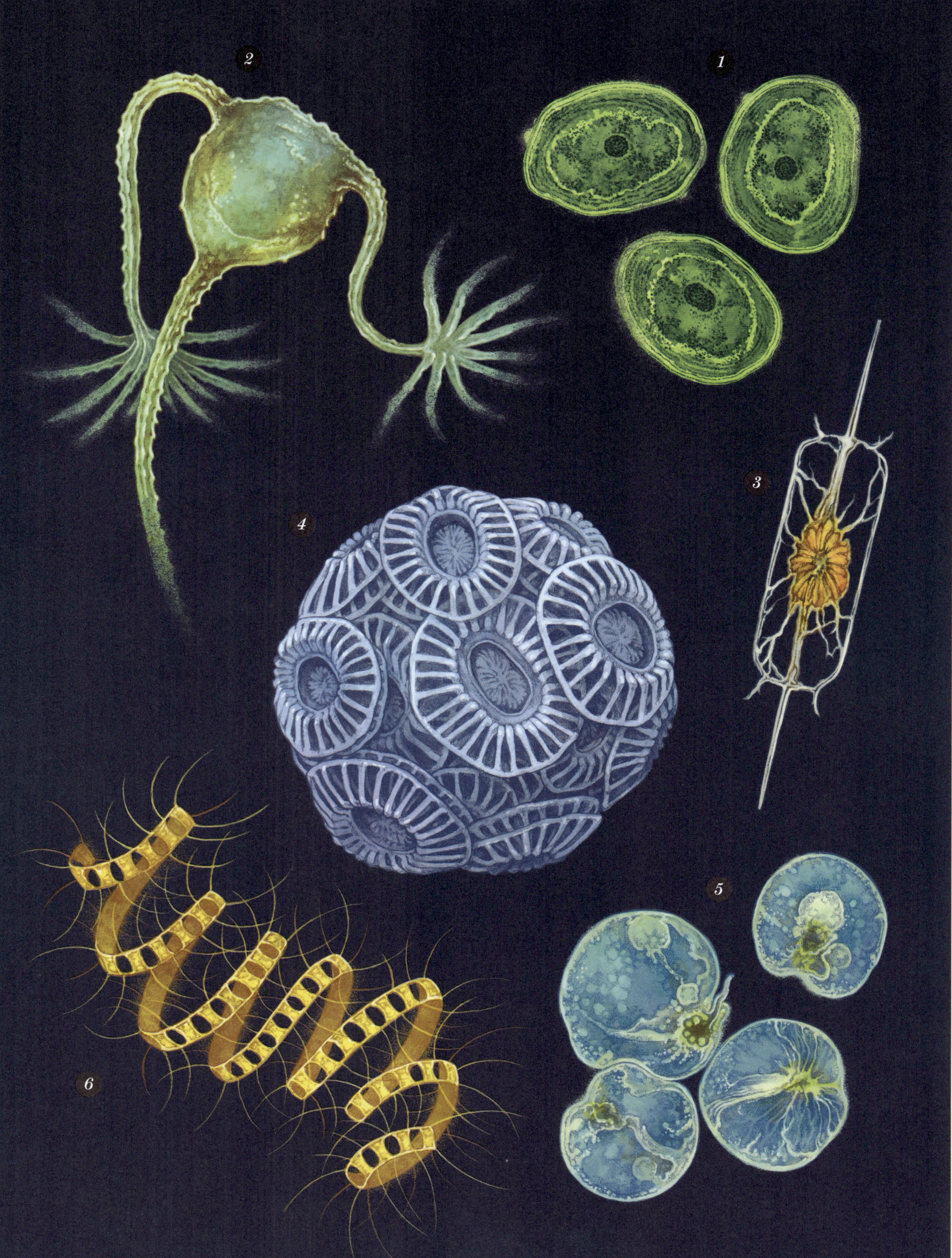

플랑크톤

동물성 플랑크톤

동물성 플랑크톤은 해류에 떠다니는 미세한 생물들의 무리다. 이중에는 동물의 유생도 있다. 나중에 게, 물고기 등 알아볼 수 있는 동물로 자라는 것들도 있고, 요각류처럼 평생을 미세한 크기로 있는 것들도 있다. 해수면 가까이에서 바닷물 한 방울에 수천 마리씩 떠다니면서, 식물성 플랑크톤과 함께 더 큰 동물들의 먹이가 된다. 바다에서 살아가는 다른 거의 모든 동물들은 이들이 있기에 살 수 있다.

식물성 플랑크톤과 동물성 플랑크톤 모두 해양 먹이사슬에서 중요한 역할을 한다. 식물성 플랑크톤은 태양 에너지를 써서 영양소를 만들고, 동물성 플랑크톤은 식물성 플랑크톤과 더 큰 해양 동물 사이의 연결 고리가 된다. 동물성 플랑크톤은 식물성 플랑크톤을 직접 잡아먹는 초식성인 종도 있고, 더 작은 동물성 플랑크톤을 사냥하는 포식성인 종도 있다. 많은 동물성 플랑크톤이 더 큰 동물에게 먹힌다. 이를테면 대왕고래는 하루에 크릴을 4톤까지도 먹을 수 있다(62쪽 참조).

갑각류와 자포동물 같은 동물의 유생은 임시 플랑크톤이다. 자라면 수면에서 아래로 가라앉아서 산호초에서 심해에 이르는 다양한 서식지에서 살아간다. 다 자란 성체와 유생의 모습이 전혀 다른 동물도 있다. 개복치의 새끼는 길이가 2밀리미터에 불과하고 가시로 덮여 있지만, 성체는 가시가 없고 길이가 거의 2미터까지 자란다.

크기가 아주 작지만 동물성 플랑크톤은 매일 해수면에서 어두컴컴한 깊은 곳 사이를 오간다. 이런 행동을 수직 회유라고 하는데, 밤에 식물성 플랑크톤을 먹으러 해수면으로 올라왔다가 낮에 포식자를 피해 아래로 내려가는 행동이다. 그 뒤를 따라서 날마다 수조 마리의 동물들이 수심 약 2,000미터까지 오르내린다. 지구에서 매일 가장 큰 규모로 이루어지는 이주 행동에 속한다.

그림 설명

1: 바다나비(유각익족류)
학명: *Limacina helicina*
껍데기 폭: 최대 6mm
이 작은 바다 달팽이는 바다천사로 불리는 무각거북고둥에게 아주 중요하다. 바다천사가 거의 오로지 바다나비만 먹고 살기 때문이다.

2: 다모류(토몹테리스속)
학명: *Tomopteris sp.*
길이: 최대 50mm
몇몇 토몹테리스가 생물 발광하면 노란색 빛이 난다. 심해에서는 드문 색깔이다.

3: 불가사리의 유생(아무르불가사리속)
학명: *Asterias sp.*
길이: 약 1mm
자라면서 점점 무거워지다가 이윽고 바닥에 가라앉는다. 그 뒤로 점점 불가사리의 모양을 갖추어 간다.

4: 요각류
학명: *Calanus glacialis*
길이: 최대 5.5mm
요각류는 약 1만 3,000종이 있다. 이 종은 북극해에 살며, 해수면과 수심 1,800미터 사이를 헤엄쳐서 오간다.

5: 유럽꽃게의 유생
학명: *Carcinus maenas*
길이: 최대 4mm
이 게처럼 바다 밑에 사는 동물이 어릴 때 플랑크톤 생활을 하는 데는 장점이 있다. 유생은 (작고 가벼워) 해류에 실려서 멀리까지 퍼질 수 있기 때문이다

6: 황새치의 유생
학명: *Xiphias gladius*
길이: 막 부화했을 때 4mm
성체와 닮아서 금방 알아볼 수 있는 이 포식자는 다 자라면 길이가 약 3미터에 이른다.

7: 개복치의 유생
학명: *Mola mola*
길이: 약 2mm
유생과 성체의 몸집이 가장 큰 차이가 나는 동물이다. 즉 지구에서 가장 큰 폭으로 자라는 동물이라는 뜻이다.

8: 크릴(크릴새우)
학명: *Euphausia superba*
길이: 최대 6cm
이 작은 갑각류는 지구상의 모든 개체를 합한 총 무게로 따지면 지구에서 가장 무거운 동물일 것이다.

바다 박물관

2 전시실

자포동물

해파리

작은부레관해파리

말미잘

서식지: 산호초

자포동물

해파리

해파리는 바다의 방랑자다. 해류에 실려서 흐느적거리며 어디로든 간다. 해파리는 뼈대가 전혀 없는 무척추동물이다. 부드러운 종 모양의 몸(갓)은 약 95퍼센트가 물로 이루어졌고, 그 안에는 뇌도 심장도 없다. 뼈대가 없으므로 잘 움직이지도 못하지만, 몸에 물을 채웠다가 눌러서 밖으로 뿜어냄으로써 반대쪽으로 부드럽게 몸을 밀어낼 수 있다.

산호 및 말미잘과 함께 해파리는 자포동물문에 속한다. 자포동물은 모두 침을 쏘는 자세포로 먹이를 잡고 자신을 방어한다. 해파리는 대개 촉수가 길며, 그 안에 자세포들이 줄지어 들어 있다. 이 촉수를 늘어뜨려서 먹이를 잡는다. 각 자세포에는 작살처럼 생긴 자사라는 침이 돌돌 말려서 들어 있다. 먹이가 될 동물이 촉수를 건드리면 이 침이 발사되어 몸에 박히면서 독을 주입한다. 해파리 중 몇몇 종은 몸이 투명하다. 그래서 다른 동물들이 알아차리지 못한 채 촉수에 부딪히곤 한다. 한편 화려한 색깔로 먹이를 꾀는 종도 있다. 꽃우산해파리는 촉수 끝이 형광으로 빛나서 물고기가 녹조인 줄 착각하고서 다가온다. 먹이를 먹으려고 다가왔다가 치명적인 함정에 걸린다. 그런데 놀랍게도 일부러 해파리의 촉수를 찾는 동물도 있다. 어린 물고기와 게는 포식자를 피하기 위해 해파리의 촉수를 피신처로 삼곤 한다. 이들은 두꺼운 점액으로 몸을 보호하거나 몸을 홱 빠르게 움직여서 촉수를 피한다.

해파리도 수가 엄청나게 불어나는 대발생을 일으키기도 한다. 해파리는 본래 자연스럽게 무리를 짓곤 하지만, 최근 들어서 해가 갈수록 점점 더 큰 규모로 더 자주 무리를 짓곤 한다. 고기잡이 그물이 해파리 무게를 못 이기고 가라앉으면서 배까지 침몰하는 일도 일어난다. 해파리가 불어나는 까닭은 물고기 남획 때문일 수도 있다. 사람이 작은 물고기를 마구 잡는 바람에 먹이 경쟁을 할 상대가 없어져서, 해파리가 금세 불어난다는 증거가 있다. 남획을 막지 못한다면, 앞으로 지구의 바다는 해파리로 가득한 곳이 될지도 모른다!

그림 설명

1: 상자해파리
학명: *Chironex fleckeri*
갓 지름: 최대 35cm
촉수 길이: 최대 3m
'바다말벌'이라는 별명을 지닌 종으로 아주 강한 독을 지니고 있어서, 쏘인 뒤 치료하지 않으면 사람도 죽을 수 있다.

2: 유령해파리
학명: *Cyanea capillata*
갓 지름: 2m 이상
촉수 길이: 최대 37m
지금까지 알려진 해파리 중에 가장 크다.

3: 이루칸지해파리
학명: *Malo kingi*
키: 갓 높이 약 3cm
촉수 길이: 최대 100cm
이 작은 상자해파리는 맹독성이며, 쏘이면 목숨을 잃을 수도 있다.

4: 흰점해파리
학명: *Phyllorhiza punctata*
갓 지름: 최대 50cm
촉수 길이: 최대 1cm
본래 오스트레일리아와 일본에 살던 종이지만, 뜻하지 않게 하와이와 멕시코 등 다른 해역들로도 퍼졌다.

5: 태평양쐐기풀해파리
학명: *Chrysaora fuscescens*
갓 지름: 대개 30cm 미만
촉수 길이: 최대 4.5m
어린 물고기와 게의 피신처가 된다.

6: 꽃우산해파리
학명: *Olindias formosus*
갓 지름: 약 15cm
바다 밑 가까이에 살며, 갓 전체에 촉수가 나 있다.

7: 좁은컵해파리
학명: *Haliclystus auricula*
키: 촉수 포함 최대 2.5cm
자루가 달린 모양의 이 해파리는 가느다란 자루로 해초에 붙은 채로 평생 한 곳에서 지낸다.

8: 거꾸로해파리
학명: *Cassiopea andromeda*
갓 지름: 최대 36cm
촉수 길이: 최대 26cm
바다 밑바닥에 거꾸로 누운 채 촉수를 위로 뻗어서 흔드는 독특한 종이다.

자포동물

작은부레관해파리

모습이 아주 특이한 해파리다. 갓 위쪽만 수면 위로 내놓은 채 바다를 떠다니는데, 공기로 채워진 갓이 배의 돛 역할을 한다. 그래서 바람과 해류에 따라서 이리저리 흘러갈 수 있다. 잔잔한 수면 아래로는 수심 50미터까지 침을 쏘는 촉수를 늘어뜨리고 있다. 전 세계의 따뜻한 해역에서 무리를 지어 산다. 약 1,000마리가 모여 있는 모습이 관찰되기도 했다.

모습은 해파리와 비슷하지만, 사실 작은부레관해파리는 폴립이라는 작은 생물 네 종류가 모인 군체다. 폴립 종류별로 맡은 역할이 다르며, 서로 협력하여 관해파리라는 동물 한 마리처럼 행동한다. 폴립 중 기포체는 작은부레관해파리를 물에 가라앉지 않도록 띄운다. 긴 촉수는 먹이를 잡고 방어를 한다. 소화 폴립은 먹이를 분해하는 일을 한다. 각 개체는 암컷이나 수컷이 되어 난자나 정자를 만든다. 정자와 난자가 물속에서 서로 만나면, 새 폴립이 생기고, 폴립은 자라서 군체의 모든 부위를 만든다.

평화롭게 떠 있는 듯하지만, 사실 작은부레관해파리는 맹독성 포식자다. 침에는 작은 물고기를 마비시키고, 사람의 피부에도 고통스러운 상처를 남길 만치 강한 독이 들어 있다. 진정한 해파리처럼 작은부레관해파리도 생애의 대부분을 먼바다에서 지내지만, 폭풍이 불 때면 해안까지 떠밀릴 수 있다. 해안에서는 살아남기 어렵다. 몸이 부드러워서 바위와 바닥에 부딪히는 충격을 견디지 못한다. 폭풍이 지나간 뒤에는 해변으로 밀려 올라온 이 맹독성 해양 방랑자가 눈에 띄곤 한다.

작은부레관해파리가 가공할 방어 능력을 지녔더라도, 먹이로 삼는 포식자들이 있다. 붉은바다거북은 두꺼운 피부와 단단한 입 덕분에 촉수에 찔릴 걱정 없이 이 해파리를 다 뜯어 먹을 수 있다. 파란갯민숭달팽이는 다른 방법으로 이 동물을 먹는다. 촉수 밑으로 헤엄쳐 들어가서 천천히 기포체까지 다 뜯어 먹는 것이다. 놀랍게도 작은 파란갯민숭달팽이는 가장 독성이 강한 폴립을 골라서 자기 몸에 저장한 다음, 자신을 위협하는 포식자를 막는 방어 수단으로 쓴다.

그림 설명

1: 작은부레관해파리
학명: *Physalia physalis*
기포체 길이: 최대 30cm
촉수 길이: 최대 50m
서양에서는 돛을 펼친 포르투갈 군함과 비슷하다고 해서 '포르투갈군함'이라고 부른다.

2: 가는동강연치
학명: *Nomeus gronovii*
길이: 최대 39cm
이 작고 날랜 물고기는 작은부레관해파리의 촉수 사이에서 살아간다. 척추뼈가 다른 어류보다 더 많아서 몸을 더 잘 구부리고 돌릴 수 있어서, 가장 독성이 강한 침을 피하며 지낸다.

3: 작은부레관해파리의 말려 있는 촉수를 확대한 모습
말려 있는 긴 촉수에는 침을 쏘아서 포식자를 물리치고 먹이를 잡는 일을 하는 폴립들이 들어 있다. 대개 촉수는 길이가 약 9미터이지만, 50미터까지 자랄 수 있다. 작은 물고기, 오징어, 플랑크톤 같은 먹이들은 무심코 다가왔다가 이 덫에 걸려든다.

자포동물

말미잘

말미잘은 전 세계에 약 1,000종이 알려져 있으며, 얕은 해안에서 심해에 이르기까지 바다 전체에 퍼져 있다. 남극해 해빙 밑에도 붙어 있다. 이 아름다운 동물은 강한 부착기로 적당한 바위에 단단히 붙은 채 생애의 대부분을 한 곳에서 보낸다. 화려한 색깔의 촉수를 흐르는 물로 뻗어서 먹이를 잡는다. 동물보다는 식물처럼 보인다.

말미잘은 포식자이며, 흘러오거나 헤엄치거나 기어서 가까이 다가온 먹이를 침을 쏘는 촉수로 공격해 잡는다. 같은 과의 다른 동물들(해파리 등)과 마찬가지로, 말미잘도 먹이를 죽일 만큼 강한 독을 담은 침을 쏘는 자세포가 있다. 어떤 종은 사람의 피부에 몹시 아픈 물집을 일으키기도 한다. 침의 독성은 종마다 다르며, 약해서 작은 플랑크톤만 잡을 수 있는 종도 있고, 물고기 같은 더 큰 먹이를 낚을 수 있는 종도 있다.

말미잘의 촉수는 먹이에게는 위험하지만, 촉수를 피신처로 삼는 동물도 있다. 침을 막는 두꺼운 점액으로 덮인 물고기 흰동가리는 포식자가 다가올 수 없는 큰산호말미잘의 촉수 사이에서 산다. 보답으로 흰동가리는 말미잘의 기생충을 잡아 준다. 말미잘과 이런 공생 관계를 맺고 있는 동물은 더 있다. 권투게는 작은 말미잘을 집게발로 집어서 들고 다닌다. 게 덕분에 말미잘은 혼자서는 갈 수 없었던 새로운 곳으로 옮겨지고, 게는 말미잘을 흔들어서 포식자가 자신에게 다가오지 못하게 막는다.

--- 그림 설명 ---

1: 큰산호말미잘
학명: *Entacmaea quadricolor*
지름: 최대 30cm
이 아름다운 말미잘은 흰동가리에게 집이 된다.

2: 지옥불말미잘
학명: *Actinodendron plumosum*
지름: 최대 20cm
이름처럼 강력하여, 사람이 이 말미잘에게 쏘이면 몹시 아프고 피부에 궤양이 생긴다.

3: 보석말미잘
학명: *Corynactis viridis*
지름: 최대 1cm
이 작은 말미잘은 큰 무리를 이루어서 함께 산다.

4: 뱀타래말미잘
학명: *Anemonia sulcata*
지름: 최대 7cm
이 종의 촉수 안에는 황록공생조류라는 미세한 조류가 살면서, 광합성을 통해 영양소를 제공한다. 촉수의 색깔도 이 조류가 만든다.

5: 남극말미잘
학명: *Edwardsiella andrillae*
길이: 최대 2.5cm
남극 대륙을 둘러싼 차가운 바다에 사는 유일한 말미잘이며, 2010년에야 수중 로봇을 통해 발견됐다.

6: 물고기잡이말미잘
학명: *Urticina piscivora*
지름: 최대 25cm
대다수의 말미잘과 달리 바위에서 쉽게 떨어질 수 있는 종이며, 먹이를 찾거나 위협을 받으면 다른 곳으로 옮겨가곤 한다.

7: 딸기말미잘
학명: *Actinia fragacea*
지름: 최대 10cm
해안에 사는 말미잘로, 물이 빠지면 촉수를 움츠린다. 그러면 바위에 붙은 딸기처럼 보인다!

8: 공생집게말미잘
학명: *Calliactis parasitica*
지름: 최대 5cm
이 말미잘은 소라게의 껍데기에 붙어 자라곤 한다. 그래서 새로운 곳으로 쉽게 옮겨 다닐 수 있다. 말미잘의 촉수는 소라게를 보호한다.

9: 파리지옥말미잘
학명: *Actinoscyphia aurelia*
키: 최대 30cm
이 심해 말미잘은 모습이 파리지옥과 비슷하다. 긴 자루를 써서 물이 흐르는 방향으로 몸을 틀어서 먹이를 잡는다.

자포동물

서식지: 산호초

생명으로 가득하고 활기가 넘치는 이 서식지는 세계 해양 생물의 무려 25퍼센트가 살아가는 수중 거대 도시다. 이곳에 사는 동물들은 산호의 틈새와 그늘에 몸을 숨기고, 산호의 화려한 색깔과 조화를 이루어서 위장을 하고, 화려한 산호 세계에서 풍족하게 먹이를 먹으며 살아간다.

산호초는 산호 폴립들이 만든다. 말미잘을 닮은 작은 동물인 산호 폴립들은 엄청나게 많은 수가 모여서 군체를 이룬다. 폴립이 죽으면 단단한 탄산칼슘 뼈대가 남는다. 이 뼈대 위에 새 폴립이 자라면서 산호는 점점 커져 간다. 산호 폴립은 물에 촉수를 흔들면서 떠다니는 먹이 부스러기를 걸러서 먹는다. 또 황록공생조류로부터도 양분을 얻는다. 이 조류는 폴립의 몸속에 살면서 태양 에너지를 써서 영양소를 만든다(광합성). 산호초가 화려한 색깔을 띠는 것은 황록공생조류가 지닌 다양한 색소 덕분이다. 이 조류는 산호 1제곱센티미터에 수백만 마리가 들어 있기도 한다. 산호는 중앙아메리카의 벨리즈 보초와 오스트레일리아의 대보초 같은 거대한 서식지를 만든다. 이런 산호초는 아주 커서 우주에서도 보인다. 즉 지구에서 가장 크고 살아 있는 구조물이다.

이토록 복잡한 서식지인 산호초는 수온이 20~32도이고 햇빛이 드는 얕은 바다라는 특수한 조건에서만 생긴다. 지구 환경이 주기적으로 변하면서 이런 조건도 자연히 바뀌지만, 지금은 기후 변화 때문에 더 급격하게 바뀌고 있다. 수온이 올라가면 황록공생조류는 살 수가 없어서, 폴립 밖으로 빠져나간다. 그러면 산호는 색깔도 잃고 얻는 영양소도 크게 줄어들어서 서식지 전체가 위기에 처한다. 이 영향은 해양 종에게만 미치는 것이 아니다. 산호초는 많은 지역에서 인류에게 해산물을 제공하는 중요한 자원이다. 또 감염병, 심장병, 심지어 암의 치료제까지 간직하고 있을 수도 있다.

그림 설명

중앙아메리카 벨리즈 보초

1: 암초대왕쥐가오리
학명: *Mobula alfredi*
폭: 약 3.5m
세계의 가오리 중 두 번째로 큰 종이다.

2: 푸른바다거북
학명: *Chelonia mydas*
길이: 약 1.2m
등딱지가 가장 단단한 편에 속하고, 주로 해초와 바닷말을 뜯어 먹는다.

3: 병코돌고래
학명: *Tursiops truncatus*
길이: 최대 4m
무리를 지어 산다. 많으면 1,000마리가 모이기도 한다.

4: 사슴뿔산호
학명: *Acropora cervicornis*
키: 최대 2m
산호 중에서 빨리 자라는 편이다. 1년에 10~20센티미터씩 자란다.

5: 파랑자리돔
학명: *Chromis cyanea*
길이: 최대 15cm
대개 큰 무리를 짓고 사는 아름다운 색깔의 물고기로서 어릴 때에는 가지산호 주변에서 머물다가, 위험을 느끼면 재빨리 틈새로 피한다.

6: 테이블산호
학명: *Acropora cytherea*
지름: 최대 2m
편평하게 탁자 모양으로 자라며, 많은 동물들에게 포식자를 피할 곳을 제공한다.

7: 뇌산호
학명: *Diploria labyrinthiformis*
지름: 최대 2m
뇌산호의 폴립은 미로 같은 주름과 틈새에 들어 있다.

8: 점박이곰치
학명: *Gymnothorax moringa*
길이: 약 60cm
산호초의 틈새에서 홀로 살아간다. 대개 머리만 삐죽 내민 채로 숨어 있다.

9: 카이사르벤자리
학명: *Haemulon carbonarium*
길이: 약 20cm
이 물고기를 비롯한 하스돔과의 물고기들은 이를 갈면서 물속에서도 시끄러운 소음을 낸다.

바다 박물관

3 전시실

연체동물과 극피동물

이매패류

복족류

두족류

극피동물

서식지: 심해

연체동물과 극피동물

이매패류

이음매로 연결된 두 개의 껍데기를 지닌 이매패류는 딱딱한 껍데기로 몸을 완전히 감싸서 대부분의 포식자를 막을 수 있다는 점에서 연체동물 중 특이한 종류다. 전 세계의 바다에 살며, 수온이 300도(℃)를 넘는 심해 열수 분출구 주변처럼 극한 환경에서 살아갈 수 있는 종류도 있다.

바다 밑에 (대개 탄력 있는 실 모양의 질긴 물질인 족사로) 붙어 지내기 때문에 이매패류는 한 번 자리를 잡으면 잘 옮겨 다니지 않는다. 그래서 이들은 먹이를 사냥하는 대신에 걸러 먹는다. 대개 섬모라는 작은 털로 지나가는 플랑크톤을 붙잡는다. 즉 이매패류가 물을 걸러서 먹이를 먹는 방식은 다른 동식물들이 살아가기 좋은 깨끗한 곳으로 만든다. 몇몇 이매패류 종은 다른 생물들에게 서식지를 제공하기도 한다. 홍합이 다닥다닥 달라붙은 곳에서는 바닷말, 갯지렁이, 작은 물고기, 게 같은 다양한 동물이 산다.

이매패류의 특징 중에서 가장 탐나는 특징은 진주층을 만드는 능력일 것이다. 이매패류가 몸에서 내는 광택이 나는 물질에서 진주가 만들어진다. 진주는 지구의 보석 중에서 유일하게 동물이 만드는 것이다. 진주층은 방어하기 위해 분비한다. 껍데기 안쪽을 매끄럽게 만들어서 부드러운 몸이 다치지 않게 보호하고 기생 생물도 막는다. 기생 생물이 이매패류의 껍데기 안으로 들어오면, 진주층으로 뒤덮는다. 이 진주층이 점점 두꺼워지면서 이윽고 진주가 된다. 야생 굴은 1만 마리에 한 마리 꼴로 천연 진주를 품는다.

인류는 보석을 얻기 위해서만이 아니라, 먹기 위해서도 오랜 세월 동안 이매패류를 양식했다. 양식하는 이매패류로는 굴이 대표적이며, 고대 로마에서도 굴을 먹기 위해 길렀다는 증거가 있다. 지금도 굴은 인기 있는 해산물이다. 배로 바다 밑을 훑거나 손으로 따서 수확한다.

--- 그림 설명 ---

1: **진주담치**
학명: *Mytilus edulis*
길이: 최대 10cm
이 홍합류는 족사를 통해 바위나 서로의 껍데기에 다닥다닥 붙어서 자란다.

2: **여왕가리비**
학명: *Aequipecten opercularis*
길이: 약 9cm
모든 가리비와 마찬가지로 여왕가리비도 껍데기를 열었다 닫았다 하면서 헤엄칠 수 있다. 멀리까지 가지는 못한다.

3: **불꽃개가리비**
학명: *Limaria hians*
길이: 약 2.5cm
껍데기 바깥으로 촉수가 붉은 술처럼 뻗어 있다. 이 조개의 껍데기는 먹이를 잡기 위해 늘 살짝 열려 있다.

4: **굴**
학명: *Magallana gigas*
길이: 약 18cm
동아시아 원산인 이 동물은 현재 전 세계에서 양식하고 있다.

5: **대서양새조개**
학명: *Cerastoderma edule*
길이: 최대 5cm
새조개 껍데기는 선사 시대에 도장무늬 토기를 만들 때 무늬를 찍는 데 쓰였다.

6: **유럽큰키조개**
학명: *Atrina fragilis*
길이: 최대 48cm
영국에서 가장 희귀한 조개 중 하나다. 껍데기의 좁은 쪽을 바다 밑에 파묻은 채, 넓은 쪽을 내밀어 먹이를 찾는다.

7: **대왕조개**
학명: *Tridacna gigas*
길이: 약 1.2m
이매패류 중 가장 큰 조개이며, 약 100년을 살 수 있다.

8: **큰가리맛조개**
학명: *Ensis magnus*
길이: 약 15cm
모든 가리맛조개는 모래 속으로 파고들어가서, 수관만 내민 채 호흡을 한다. 굴을 팔 때면 놀라울 만치 세게 물을 위쪽으로 쭉 뿜어내곤 한다.

연체동물과 극피동물

복족류

'배가 발에 붙어 있다'는 뜻에서 이름 붙여진 복족류는 민달팽이와 달팽이가 속한 연체동물 집단이다. 연체동물 중에서 바닷물과 민물뿐 아니라 육지에 사는 데 적응한 유일한 집단이 복족류이다. 과학자들은 해양 복족류가 약 6만 5,000종이라고 추정한다. 가장 큰 호주나팔고둥은 길이가 거의 1미터에 달하고, 가장 작은 것은 몇 밀리미터에 불과하다.

대개 복족류는 포식자로부터 자신을 보호하기 위한 나선형 껍데기를 만든다. 암석에 흔한 물질인 탄산칼슘으로 이루어진 이 껍데기는 튼튼하고 오래가며, 복족류가 죽은 뒤에도 오랫동안 남아 있곤 한다. 버려진 껍데기는 소라게와 환형동물 같은 다른 동물의 집이 되기도 한다. 하지만 결국에는 잘게 부서져서 해변의 모래알이 된다.

갯민숭달팽이와 그 가까운 친척인 군소는 아름다운 색깔과 무늬와 뿔처럼 생긴 후각돌기를 지닌다. 너무 아름다워서 눈을 뗄 수가 없을 정도다. 이들은 껍데기가 없지만 그렇다고 해서 자신을 방어하지 못하는 것은 아니다. 파란갯민숭달팽이 같은 종들은 다른 동물들이 너무 위험해서 건드리지도 못하는 해파리 같은 동물을 먹을 수 있다. 그리고 그런 동물의 독을 모아서 자신을 지키는 데 쓴다. 갯민숭달팽이의 화려한 색깔은 포식자에게 경고하는 역할을 한다.

복족류는 종마다 초식성, 육식성, 잡식성 등으로 달라 식성이 다양하다. 복족류에는 포식자도 있고, 청소동물도 있고, 기생 생물도 있다. 기생하는 종류는 다른 살아 있는 생물의 몸을 먹는다. 모든 복족류는 치설이라고 하는 이빨처럼 생긴 입으로 먹이를 먹는다. 치설은 각 종의 먹는 습성에 맞게 적응해 있다. 드릴 모양의 치설을 지닌 종은 먹이의 껍데기에 작은 구멍을 뚫은 뒤, 구멍 안으로 위산을 뿜어내어 먹이가 녹으면 빨아내어 먹는다. 한편 바위에 붙은 조류를 긁어 먹는 데 더 알맞은 치설을 지닌 종도 있다.

그림 설명

1: 파란갯민숭달팽이
학명: *Glaucus atlanticus*
길이: 최대 3cm
작은부레관해파리의 밑에 매달려서 자세포를 먹어 치운다.

2: 옷감청자고둥
학명: *Conus textile*
길이: 최대 10cm
맹독성 포식자로서 치설로 치명적인 침을 쏠 수 있다.

3: 비단등줄무늬개오지
학명: *Cypraea tigris*
길이: 최대 15cm
위험이 닥치면 부드러운 몸을 껍데기 안쪽으로 쏙 넣어서 숨는다.

4: 군소
학명: *Aplysia punctata*
길이: 약 7cm
먹은 먹이에 따라 몸 색깔이 달라진다. 먹이는 갈조류와 홍조류다.

5: 유럽삿갓조개
학명: *Patella vulgata*
지름: 최대 6cm
원뿔 모양의 두꺼운 껍데기는 포식자와 강한 파도를 막는 강력한 방어 수단이다.

6: 청반점갯민숭달팽이개
학명: *Chromodoris annae*
길이: 최대 4cm
이 화려한 갯민숭달팽이는 독성을 띤 해면동물 종을 먹는다.

7: 날개뿔소라
학명: *Siratus alabaster*
길이: 최대 22cm
껍데기에 포식자를 막는 가시들이 나 있다.

8: 진보라고둥
학명: *Janthina janthina*
길이: 최대 4cm
스스로 만든 거품 뗏목을 수면에 띄우고 그 아래에 거꾸로 매달려 있다.

9: 분홍거미고둥
학명: *Lobatus gigas*
길이: 최대 35cm
사람들은 1만 년 전부터 이 고둥의 껍데기를 나팔 비슷한 악기로 써 왔다.

연체동물과 극피동물

두족류

두족류는 문어, 뼈오징어, 오징어로 이루어진 지능이 매우 높은 무척추동물 집단이다. 작은 파란고리문어에서 수수께끼의 대왕오징어에 이르기까지, 이 놀라운 집단은 생활 양식, 서식지, 행동이 엄청나게 다양하다.

두족류의 이름은 '머리-발'이라는 뜻이다. 많은 발에 머리가 붙어 있는 듯한 모습이기 때문이다. 두족류는 몸이 부드러우며, 강한 근육으로 여러 개의 팔을 움직인다. 해파리와 좀 비슷한 모습이지만, 튼튼한 부리가 입에 달려 있다. 부리로 좋아하는 먹이인 게와 바닷가재의 껍데기까지 뚫을 수 있다. 먹이를 마비시키는 독소를 지닌 종류도 많다. 먹이가 마비되면 안전하게 먹을 수 있다. 파란고리문어처럼 맹독성인 종도 있다. 이 작은 문어는 한 번 물 때 사람 몇 명을 죽일 수 있을 만큼의 독을 주입한다.

두족류는 심장이 3개이며, 구리를 지닌 헤모시아닌이 들어 있어서 피가 파란색이다. 팔(빨판이 있다)과 촉수(빨판이 없다)로 먹이를 잡고 서식지를 돌아다닌다. 팔과 촉수는 놀라울 만치 자유자재로 움직인다. 코코넛문어는 빨판으로 속이 빈 코코넛 껍데기 안에 안전하게 찰싹 달라붙어서 숨는다.

지능은 두족류의 핵심 특징이기도 하다. 문어는 아주 영리하며 문제를 풀고 그 답을 기억할 수 있다. 그래서 머리가 좋은 문어는 매우 뛰어난 탈출 전문가이기도 하다. 또한 문어는 뼈가 없기에 위험을 피하기 위해서라면 아주 작은 틈새로도 빠져나갈 수 있다. 문어의 피부에는 색깔을 바꾸는 색소 세포가 들어 있어서, 환경에 맞게 위장할 수 있다. 이런 방어 방식들이 다 통하지 않으면, 문어는 먹물을 구름처럼 뿜는다. 상대가 혼란에 빠진 사이에 재빨리 달아난다.

그림 설명

1: 베리귀꼴뚜기
학명: *Euprymna berryi*
외투막 길이: 최대 5cm
이 작은 오징어는 발광 세균인 비브리오 피셰리와 공생 관계에 있다. 이 세균은 오징어의 위장을 돕는다.

2: 덤보문어
학명: *Grimpoteuthis bathynectes*
외투막 길이: 모름
가장 깊은 곳에 사는 문어 중 하나이며, 아주 드물다.

3: 불꽃갑오징어
학명: *Metasepia pfefferi*
외투막 길이: 약 6cm
다른 종들과 달리 헤엄을 잘 치지 않고, 바닥을 기어 다닌다.

4: 혹집낙지
학명: *Argonauta nodosa*
길이: 최대 3cm(수컷), 30cm(암컷)
이 허약해 보이는 동물은 '종잇장앵무조개'라는 별명이 있지만, 실제로는 문어류다. 암컷은 종이처럼 얇은 껍데기를 만들고 그 안에서 지내며 알도 껍데기에 무더기로 붙여 놓는다.

5: 문어
학명: *Enteroctopus dofleini*
외투막 길이: 최대 60cm
문어 중에서 가장 크며, 몸무게가 약 60킬로그램까지 자란다.

6: 앵무조개
학명: *Nautilus pompilius*
외투막 길이: 최대 20cm
심해 생물이며, 처음 부화했을 때에는 껍데기의 가장 안쪽 방에 있다가 몸이 자라면서 점점 더 큰 방으로 옮긴다.

7: 훔볼트오징어
학명: *Dosidicus gigas*
외투막 길이: 약 1.5m
생물 발광으로 내는 빛 때문에, 남아메리카에서는 붉은악마라고도 부른다.

8: 파란고리문어
학명: *Hapalochlaena lunulata*
외투막 길이: 최대 4cm
자그마한 이 문어에게 다가가면 파란 고리가 밝게 빛나서, 물리면 치명적이라고 경고한다.

연체동물과 극피동물

극피동물

극피동물은 얕은 바다에서 심해에 이르기까지 모든 바다에 산다. 바다 밑을 느릿느릿 기어 다니면서 먹이를 찾아 먹거나, 한곳에 붙박인 채로 곁을 지나는 물에서 먹이를 조용히 걸러 먹는다. 불가사리, 해삼, 성게, 연잎성게 등 이 집단에 속한 동물들은 움직임이 느리고 방어 능력이 없어서 먹이를 뒤쫓거나 포식자를 막지 못할 것처럼 보인다. 그러나 이들은 온갖 놀라운 능력을 지닌다. 사실 극피동물은 놀라운 포식자이며, 일부는 지구의 가장 극한 환경에서도 살아갈 수 있다.

극피동물이란 이름은 '가시 달린 피부'를 지닌 동물이라는 뜻으로, 이름처럼 대개 단단한 가시를 몸에 두르고 있다. 가시는 포식자를 막는 데 도움을 준다. 가시뿐 아니라, 몸 밑면에는 빨판 같은 돌기가 가득하다. 극피동물은 관족이라고 하는 밑면의 돌기를 써서 달라붙고, 바다 밑바닥을 기어가고, 먹이를 움켜쥔다. 또 관족으로 주변 물의 냄새와 맛도 볼 수 있다. 이 중요한 감각 정보를 토대로 삼아 먹이에게 다가가거나 포식자에게서 멀어질 수 있다.

극피동물은 물 흐름이 있는 곳에 자리를 잡고서, 여러 창의적인 방법으로 먹이를 얻는다. 해삼은 바다 밑바닥에 쌓인 모래를 집어삼켜서 그 안에 든 먹이를 소화하고 깨끗한 모래를 배설한다. 성게는 다른 방법을 쓴다. 입에 있는 5개의 단단한 판으로 바위에 붙은 조류를 긁어 먹는다. 성게와 같은 입 구조를 '아리스토텔레스 등'이라고 한다. 불가사리는 고둥 등 여러 동물을 잡아먹는 포식자다. 고둥을 바위에서 떼어 내어 그 안의 살을 꺼내 먹는다. 다른 대부분의 동물과 달리, 불가사리는 위장을 몸 밖으로 꺼낼 수 있다. 그래서 입에 들어가지 않는 먹이도 소화할 수 있다. 큰 먹이를 씹을 이빨이 없는 동물에게 매우 중요한 능력이다.

극피동물은 자신을 방어하는 창의적인 방법들을 더 지니고 있다. 일부는 기어서 달아나는 반면, 해삼 같은 종은 자신의 창자를 토해서 미끼로 삼는다. 놀랍게도 극피동물은 포식자에게 몸이 일부 뜯어 먹혀도 다시 자란다. 불가사리는 팔 전부를 재생할 수 있다. 팔 하나만 남아도 몸이 전부 재생된다. 팔 하나에 생존에 필요한 모든 것이 담겨 있기 때문이다.

그림 설명

1: 악마불가사리
학명: *Acanthaster planci*
지름: 최대 35cm
유독 삐죽삐죽한 이 불가사리는 팔이 최대 21개까지 난다.

2: 바다돼지
학명: *Scotoplanes globosa*
길이: 최대 15cm
이 해삼은 관처럼 생긴 긴 다리로 바다 밑바닥을 걷는 것처럼 보인다.

3: 붉은연필성게
학명: *Heterocentrotus mammillatus*
지름: 최대 8cm
굵은 가시는 이 성게 집단의 특징이다. 가시의 색깔과 굵기는 서식지에 따라 달라진다.

4: 빨간혹불가사리
학명: *Protoreaster linckii*
지름: 최대 30cm
조개, 굴, 홍합을 먹을 뿐 아니라 다른 불가사리도 잡아먹는 강한 포식자다.

5: 붉은예쁜갯고사리
학명: *Antedon bifida*
지름: 최대 20cm
예쁜갯고사리는 바다나리강에 속한다. 깃털처럼 생긴 팔로 지나가는 물에서 플랑크톤을 잡는다.

6: 표범해삼
학명: *Bohadschia argus*
길이: 최대 60cm
이 해삼의 몸속에는 숨이고기라는 작은 물고기가 살기도 한다.

7: 곧은가시거미불가사리
학명: *Ophiothrix spiculata*
지름: 최대 12cm
이 불가사리는 크기는 작지만 무리지어 나타나는 경향이 있다.

8: 푸른불가사리
학명: *Linckia laevigata*
지름: 최대 30cm
피부에 작은 고둥이 기생하기도 한다.

9: 미국성게
학명: *Dendraster excentricus*
지름: 약 8cm
연잎성게류는 굴을 파고 사는 납작한 성게다. 유생은 자신을 복제하여 포식자에게 먹힐 확률을 줄인다.

연체동물과 극피동물

서식지: 심해

심해는 생물이 살기 힘들고 이질적인 곳이다. 늘 컴컴하고 추우며, 대다수 생물은 짜부라질 만큼 수압이 세다. 오랫동안 사람들은 이곳에서는 생물이 살 수 없을 것이라고 생각했다. 그런데 과학자들이 잠수정으로 조사했더니 바다 어디에나 생물이 있음이 드러났다. 지구의 가장 험한 조건에서 살아갈 수 있는 특징과 행동을 지닌 생물들이 그 주인공들이다.

심해 밑바닥에는 빛이 전혀 닿지 않아서 식물도 조류도 자랄 수 없으므로, 초식동물은 살 수 없다. 사체를 먹거나 사냥하거나 물에 떠다니는 작은 알갱이를 걸러 먹는 종만 살 수 있다. 먹이는 대부분 수면에서 떨어져 내리는 조류, 죽은 동물, 그밖의 찌꺼기다. 밑바닥까지 가라앉는 데 몇 주가 걸릴 수도 있다. '바다의 눈'이 되어 내리는 이 부드러운 하얀 알갱이들은 수많은 심해 생물에게 중요한 먹이다. 때로는 고래 사체처럼 정말로 진수성찬이 떨어질 때도 있다. 그러면 며칠 동안 굶주렸을 동물들이 달려들어서 남김없이 먹어 치운다. 거대등각류, 먹장어, 상어 같은 청소동물들이 사체를 뒤덮고 몇 달 사이에 모든 살점을 먹어 치운다. 바닥으로 가라앉은 찌꺼기는 세균이 분해한다. 이윽고 뼈만 남게 된다. 이 뼈 안으로 뚫고 들어가서 지방과 단백질 같은 영양소를 섭취하는 작은 동물들도 있다.

이런 잔치가 벌어질 때가 아니라면 심해 동물들은 대개 먹이를 사냥해야 한다. 컴컴한 심해에서는 사냥이 정말로 어렵다. 많은 동물은 스스로 빛을 냄으로써 이 문제를 해결한다. 이를 '생물 발광'이라고 한다. 몸에 있는 화학 물질로 빛을 내거나, 몸에 사는 세균이 빛을 낸다. 먼바다에 사는 생물의 약 90퍼센트는 생물 발광을 하며, 그중 대부분은 심해에 산다. 컴컴한 깊은 곳에서 보이는 유일한 빛이다. 물론 포식자도 이 빛을 볼 수 있지만, 먹이인 더 작은 물고기가 다가올 가능성이 더 높다. 어둠 속에서 이 빛으로 서로 의사소통을 하는 동물들도 있다.

그림 설명

대서양 심해저 평원

1: 아톨라해파리
학명: *Atolla wyvillei*
갓 지름: 최대 17cm
공격을 받으면 파란 빛을 뿜는다. 더 큰 포식자가 이 빛을 보고 다가와서 대개 원래의 공격자를 잡아먹는다. 그사이에 해파리는 달아날 수 있다.

2: 북방감투빗해파리
학명: *Bolinopsis infundibulum*
길이: 최대 15cm
이 포자는 동물성 플랑크톤을 사냥한다.

3: 블랙드래곤피시
학명: *Idiacanthus atlanticus*
길이: 약 40cm(암컷), 5cm(수컷)
붉은색으로 생물 발광을 한다. 대부분의 심해 동물은 붉은색을 볼 수 없으므로, 이 물고기는 들키지 않고 먹이를 찾을 수 있다.

4: 뭉툭코여섯줄아가미상어
학명: *Hexanchus griseus*
길이: 약 3m
약 2억 년 전에 살던 상어를 닮았다고 여겨진다.

5: 혹등아귀
학명: *Melanocetus johnsonii*
길이: 약 18cm(암컷), 3cm(수컷)
이 종의 암컷은 빛나는 '미끼'로 먹이를 꾄다. 입과 위장이 아주 크다.

6: 오세닥스
학명: *Osedax mucofloris*
길이: 최대 2cm
암컷은 가라앉은 고래의 뼈에 구멍을 뚫고 뼛속을 먹는다. 크기가 훨씬 작은 수컷은 암컷의 몸속에 산다.

7: 대서양먹장어
학명: *Myxine glutinosa*
길이: 약 40cm
청소동물이며, 미끄러운 점액을 분비한다. 포식자는 공격하다가 이 점액에 아가미가 막힐 수 있다.

8: 거대등각류
학명: *Bathynomus giganteus*
길이: 최대 36cm
몇 주, 심지어 몇 달 동안 먹이를 먹지 않고도 버틸 수 있다.

바다 박물관

4 전시실

절지동물

갑각류

공작갯가재

서식지: 바위 웅덩이

절지동물

갑각류

갑각류는 절지동물이라는 집단에 속한다. 곤충과 거미류도 절지동물이다. 절지동물은 지금까지 지구에 산 동물 중에서 가장 성공한 축에 속하며, 사실 지금 살고 있는 종의 약 80퍼센트를 차지한다.

갑각류의 몸은 몸마디로 나뉘어 머리, 가슴, 배로 구분된다. 갑각류는 다리를 다양한 용도로 쓴다. 어떤 종은 걷고 헤엄치는 데 쓰며, 어떤 종은 먹이를 붙잡고 자르는 데 쓰고, 어떤 종은 주변 환경을 감지하는 데 쓴다. 또 갑각류는 발로 '맛'을 보고 다른 동물들이 물에 남긴 화학 물질을 검출할 수 있다. 이런 감각을 써서 갑각류는 먹이와 좋은 집을 찾을 수 있다. 이런 뛰어난 감각에 힘입어서 미세한 요각류부터 커다란 바닷가재에 이르기까지 이 집단은 모든 바다에서 번성한다.

갑각류는 겉뼈대라고 하는 단단한 껍데기 같은 갑옷으로 몸을 감싸서 포식자를 막는다. 그런데 성장하려면 이 겉뼈대를 벗어야 한다. 탈피(허물벗기)라고 하는 이 과정은 몇 주가 걸릴 수도 있다. 막 탈피를 한 갑각류는 부드럽고 취약해서, 새 껍데기가 단단히 굳을 때까지 구석이나 땅속에 숨어 있어야 한다. 한편 소라게는 몸의 뒤쪽 절반에는 겉뼈대가 없어서, 다른 수단을 써서 몸을 지켜야 한다. 그래서 바다 밑을 뒤져서 연체동물의 버려진 껍데기를 찾는다. 껍데기 안에 다른 동물이 살지 않는다는 것을 확인한 뒤, 소라게는 몸을 집어넣어서 자기 집으로 삼는다.

갑각류는 대부분 돌아다닐 수 있지만, 따개비는 주로 정착 생활에 더 적응해 있다. 따개비는 암석에 단단히 붙은 채, 껍데기처럼 생긴 집의 작은 문을 열어서 지나가는 플랑크톤을 걸러 먹는다. 정착하기 전 유생 때에는 물 '냄새'를 맡으면서 헤엄쳐 다닌다. 다른 따개비들의 냄새는 안전하다고, 포식자인 옆주름고둥의 냄새는 위험하다고 주위에 알려 준다.

그림 설명

1: **흰줄닭새우**
학명: *Panulirus versicolor*
길이: 약 30cm
이 아름다운 동물은 야행성이며, 산호초의 작은 굴이나 틈새에서 홀로 산다.

2: **작은북방따개비**
학명: *Semibalanus balanoides*
지름: 최대 15mm
이 따개비는 평생을 바위에 붙어산다. 만각이라고 하는 작은 덩굴처럼 생긴 부속지를 펼쳐서 지나가는 플랑크톤을 잡는다.

3: **노르웨이바닷가재**
학명: *Nephrops norvegicus*
길이: 최대 20cm
이 작고 가느다란 바닷가재는 스캄피라고도 하며, 살은 식용한다.

4: **벨벳게**
학명: *Necora puber*
등딱지 폭: 최대 10cm
유달리 성질이 사납고 눈이 빨개서 '악마게'라는 별명이 있다.

5: **거미게**
학명: *Macrocheira kaempferi*
등딱지 폭: 40cm
절지동물 중 가장 큰 종으로 알려져 있으며, 다리를 펼치면 약 4미터까지 자랄 수 있다. 만약 다리가 부러지면, 다시 자라난다.

6: **할리퀸새우**
학명: *Hymenocera picta*
길이: 최대 5cm
이 종은 불가사리만 먹는다. 여럿이 협력하여 불가사리를 뒤집은 뒤 산호초 틈새로 끌고 가서 뜯어 먹는다.

7: **남방투구게**
학명: *Tachypleus gigas*
길이: 최대 50cm
이 게는 병원균에 오염되면 피를 굳히는 화학 물질을 분비한다. 그래서 이 피를 백신과 약물 임상 시험에 쓰곤 한다.

8: **북방참집게**
학명: *Pagurus bernhardus*
등딱지 길이: 약 3.5cm
이 게는 몸 뒤쪽 절반에 겉뼈대가 없다. 주로 복족류의 껍데기를 쓰고 다니는데, 병뚜껑 같은 플라스틱 쓰레기를 고둥 껍데기 대신 뒤집어쓰기도 한다.

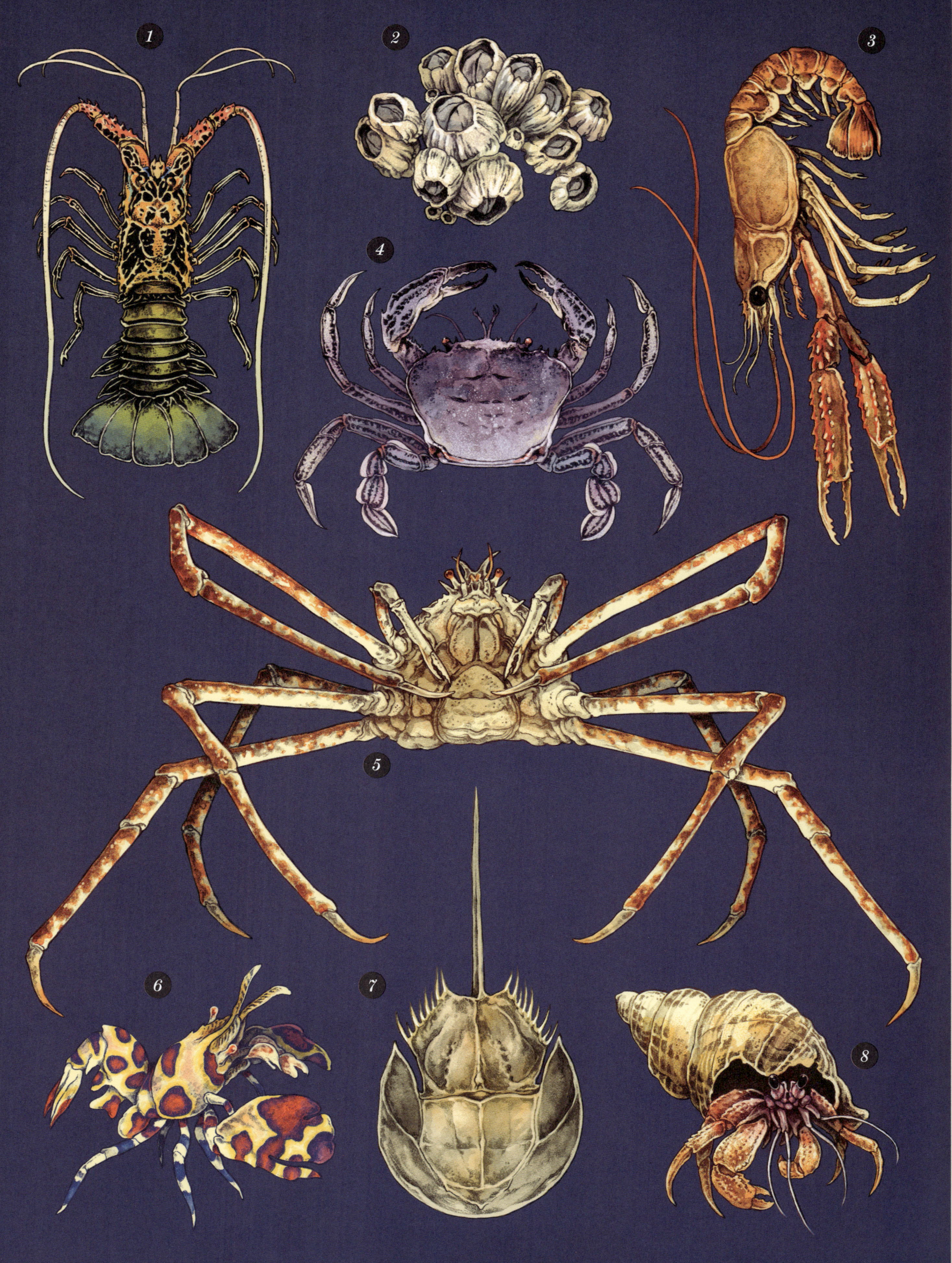

1a
1b

절지동물

공작갯가재

    공작갯가재는 그리 크지 않지만(대개 20센티미터 미만), 놀라운 사냥꾼이며 자기 영역에 누군가 침입하면 사납게 달려든다. 모래에 굴을 파고 들어가서 꼼짝하지 않고 기다린다. 먹이가 가까이 다가오면 놀라운 힘으로 강타한다.

    종류에 상관없이 모든 갯가재는 집게발의 힘이 아주 세다. 집게발로 껍데기를 부수는 종도 있고, 물고기 같은 몸이 더 부드러운 먹이를 꿰뚫는 창처럼 쓰는 종도 있다. 공작갯가재는 곤봉 같은 커다란 집게발로 때려 부순다. 패류를 계속 때려서 껍데기를 부순 뒤 살을 먹는다. 과학자들은 공작갯가재가 '때리는' 속도가 시속 약 80킬로미터에 이른다고 추정한다. 총알이 날아가는 속도와 같다. 칠 때마다 먹이는 이중으로 타격을 입는다. 집게발에 맞은 뒤에, 일어나는 공동 현상에 휩쓸리기 때문이다. 집게발이 아주 빠르게 움직이는 바람에 물에 공기방울이 생기는데, 이 공기방울이 터지면서 엄청난 열과 빛 에너지가 발생하여 먹이에게 더 충격을 가한다.

    또 공작갯가재는 가장 복잡한 눈을 지닌 동물에 속한다. 사람의 눈에는 광수용체라는 빛을 감지하는 세포가 세 종류 있다. 그래서 우리는 기본적으로 세 가지 색깔을 본다. 사람에 비해 공작갯가재는 광수용체 세포가

많아서 12~16가지나 된다. 즉 우리가 상상도 할 수 없이 많은 색깔을 볼 수 있다는 뜻이다. 이들은 이 놀라운 눈으로 먹이를 찾고 의사소통도 한다. 껍데기에 있는 특수한 부위를 이용하여 다른 갯가재만 볼 수 있는 방식으로 빛을 반사한다. 이렇게 서로 신호와 경고를 보냄으로써 불필요한 충돌을 피한다.

--- 그림 설명 ---

1a: 집게발(타격형)
공작갯가재(위 그림)처럼 '타격형'인 종은 집게발 관절이 용수철 역할을 한다. 집게발을 근육으로 꾹 누르고 있다가 한순간에 탁 내밀면서 세차게 때릴 수 있다.

1b: 집게발(자상형)
갯가재 중에서 찌르는 '자상형'인 종의 집게발은 끝이 뾰족하고 날카로운 미늘이 붙어 있다. 집게발로 몸이 부드러운 먹이를 찔러서 꿴다.

2: 공작갯가재
학명: *Odontodactylus scyllarus*
길이: 최대 18cm
갯가재는 종류가 다양해서 전 세계에 400종이 넘는다. 이 종은 주로 인도양과 태평양에 퍼져 있고, 얕은 산호초에서 화려한 색깔을 드러낸다.

3: 눈
많은 광수용체들이 조금씩 다른 방향을 향하고 있어서 시야가 아주 넓으며, 사람의 눈보다 움직임을 훨씬 더 빨리 볼 수 있다. 눈 중앙의 검은 띠는 갯가재가 어느 방향을 보고 있는지 알려 준다.

절지동물

서식지: 바위 웅덩이

가장 변화가 심한 서식지를 상상해 보자. 온도, 호흡하는 산소의 양, 차지할 수 있는 공간, 함께 있는 생물의 종류 등 모든 것이 금방금방 변하는 곳이 있다면 무엇인지 떠오르는가? 바위 웅덩이가 바로 그런 서식지이다. 해안의 바위 사이 틈새와 구멍에 생기는 바위 웅덩이는 썰물 때 남은 바닷물이 얕게 고여 있는 곳이다.

바다에는 조석(밀물과 썰물)이 일어난다. 태양과 달의 중력이 지구를 끌어당기면서, 바다의 한쪽이 모여든 물로 불룩해지고 다른 쪽에서는 물이 빠져나가는 현상이다. 달은 지구 궤도를 돌고 지구는 자전을 하므로, 시간의 흐름에 따라 당겨지는 지역이 달라져서 조석이 옮겨 가며 일어난다. 또 지리적으로 조석이 더 빨리 일어나는 곳도 있다. 캐나다의 펀디만은 하루에 2번씩 시속 약 15킬로미터의 속도로 10억 톤이 넘는 물이 들어왔다가 빠져나간다. 보통 사람들이 달리는 속도보다 훨씬 빠르다!

바위 웅덩이에서 살아가려면 알맞은 시기에 알맞은 장소에 있는 것이 아주 중요하다. 썰물을 예측하지 못한 생물은 말라붙을 위험에 처한다. 그런 일을 피하기 위해서 동물은 활동 시간을 조석 시간표에 잘 맞추어 살아가며, 만일을 대비하여 몇 가지 간단한 비상 대책도 세운다. 삿갓조개는 밀물 때 먹이를 찾아 돌아다니면서 몸에서 나오는 점액으로 자취를 남긴다. 썰물 때가 되면 물이 빠져나가기 시작하자마자, 그 점액 자취를 따라서 안전한 바위 틈새로 돌아간다. 그곳에서 껍데기 안에 물을 담은 채 꼭 붙어 있다. 베도라치 같은 몇몇 동물은 아예 물 밖에서도 살아남을 수 있도록 적응했다. 날씨가 축축하고 선선하기만 하다면, 피부로 숨을 쉬면서 꿈틀거리고 뛰고 하면서 다른 바위 웅덩이로 넘어갈 수 있다. 자기가 있는 웅덩이에 먹이가 없거나 웅덩이의 물이 마를 때 유용한 능력이다.

그림 설명

영국의 어느 바위 웅덩이(썰물 때의 모습)

1: 망토베도라치
학명: *Coryphoblennius galerita*
길이: 최대 8.5cm
머리에 볏이 하나 있어서 다른 종들과 구별된다.

2: 유럽삿갓조개
학명: *Patella vulgata*
지름: 6cm
삿갓조개의 치설은 지구에서 가장 단단한 물질 중 하나로 이루어져 있다.

3: 푸쿠스 베시쿨로수스
학명: *Fucus vesiculosus*
길이: 최대 100cm
갈조류에 속하는 바닷말로 공기주머니가 있어서 수면 가까이까지 뜬다. 그래서 광합성에 필요한 햇빛을 잘 받을 수 있다.

4a: 해변말미잘(입을 벌린 모습)
4b: 해변말미잘(입을 닫은 모습)
학명: *Actinia equina*
지름: 최대 5cm
이 말미잘은 자기 영역을 지킨다. 다른 말미잘이 너무 가까이에 정착하려고 하면 밀어낸다.

5: 두점고비
학명: *Gobiusculus flavescens*
길이: 최대 6cm
바위 밑에 숨어 있기보다 바닷말 위를 헤엄쳐 다니는 물고기이다.

6: 붉은불가사리
학명: *Asterias rubens*
지름: 최대 30cm
이런 불가사리는 관족을 써서 패류의 껍데기를 능숙하게 연다.

7: 전구멍게
학명: *Clavelina lepadiformis*
키: 최대 2cm
관 모양을 한 이 동물은 유생 때에는 척삭(척추의 토대)이 있지만, 성체가 되면 사라져서 무척추동물로 남는다.

8: 유럽총알고둥
학명: *Littorina littorea*
키: 최대 5cm
썰물 때 바위 웅덩이 주위에 모여 있곤 한다.

9: 유럽꽃게
학명: *Carcinus maenas*
등딱지 폭: 최대 9cm
유럽 원산으로 남아메리카, 오스트레일리아, 뉴질랜드 등지로 퍼졌다.

바다 박물관

5 전시실

어류

산호초 어류

해마와 실고기

가오리와 홍어

상어

고래상어

서식지: 맹그로브 숲

어류

산호초 어류

산호초 어류는 바다에서 가장 다양하고 아름다운 생태계로 손꼽히는 곳에 산다. 바로 산호초다. 산호초는 아주 특별한 조건이 들어맞아야 자라고 번성할 수 있는 가장 드문 서식지에 속한다(22쪽 참조). 동물들이 산호초에 사는 이유는 제각각이지만, 모두가 어떤 식으로든 간에 산호초에 의지하며 산다.

산호초 어류는 대개 색깔과 무늬가 매우 선명하고 아름답다. 개중에는 아주 화려한 종류도 있다. 이런 다양한 무늬와 색깔은 여러 목적에 쓰인다. 단순히 물고기들끼리 서로 같은 종인지를 알아보는 데 쓰이는가 하면, 산호와 잘 섞여서 천적에게 들키지 않게 위장하는 데 쓰이는 등 다양한 용도로 쓰인다. 또한 짝을 꾀는 데 쓰일 수도 있다. 어떤 색깔은 경고판 역할을 하기도 한다. 빨간색과 노란색은 가시나 피부에 독이 있다거나, 물리면 중독될 것이라고 경고하는 뜻일 때가 많다.

산호초의 어류는 대개 먹이를 찾아 돌아다닌다. 양쥐돔과 파랑비늘돔(앵무고기)은 특수하게 적응한 입으로 산호 표면에 자라는 조류를 뜯어 먹는다. 이 초식 동물들은 산호를 뒤덮어 질식시키는 조류를 먹음으로써, 산호가 살 수 있도록 돕는다. 나비고기 같은 동물은 산호 자체를 먹는 산호 섭식 동물이다. 산호 폴립만 쏙 따서 먹고 산호초 자체는 거의 건드리지 않음으로써, 새 산호가 정착하여 자랄 수 있는 공간을 마련한다.

상어 같은 포식자는 산호초 주위를 돌아다니면서 미처 달아나지 못한 작은 동물들을 사냥한다. 산호초에는 숨을 곳과 안전한 곳이 아주 많아서 자리돔과 안티아스 같은 작은 산호초 어류에게 좋다. 참바리처럼 몸집이 더 큰 어류를 피하기 좋은 굴과 터널이 아주 많다.

반면에 가장 크고 가장 무서운 포식자에게까지 대놓고 자신의 존재를 알리는 어류도 있다. 포식자들에게도 중요한 일을 해 주기 때문이다. 이른바 '청소고기'는 '영업장'을 방문하는 모든 물고기에게서 죽은 비늘과 기생충을 없애 준다. 청소고기는 먹이를 얻을 수 있어서 좋고, 큰 고기들은 몸을 가렵게 하는 기생충이 없어져서 좋다.

그림 설명

1: 긴코나비고기
학명: *Forcipiger flavissimus*
길이: 약 22cm
자기 영역을 지키는 이 고기는 긴 주둥이로 산호초에 붙어 있는 작은 무척추동물을 집어 먹는다.

2: 만다린피시
학명: *Synchiropus splendidus*
길이: 최대 6cm
이 아름다운 물고기는 비늘이 없다. 대신에 몸이 점액으로 덮여 있다. 점액은 긁히거나 부딪힐 때 덜 다치게 하고, 기생충도 막는다.

3: 파랑양쥐돔
학명: *Acanthurus leucosternon*
길이: 최대 23cm
양쥐돔은 꼬리지느러미에 날카로운 가시가 달려 있다.

4: 둥의바리
학명: *Cephalopholis miniata*
길이: 최대 50cm
이 커다란 물고기는 입을 먹이에게 가까이 대고 강한 힘으로 빨아들여서 통째로 삼킨다.

5a: 옹달샘돔의 새끼
5b: 옹달샘돔의 성체
학명: *Pomacanthus imperator*
길이: 최대 40cm
새끼와 성체의 모습이 전혀 다르다. 성체가 새끼를 먹이와 공간을 위협하는 존재로 보지 않도록 하기 위해서인 듯하다.

6: 흰동가리(말미잘 안쪽)
학명: *Amphiprion ocellaris*
길이: 최대 11cm
산호초의 특정한 말미잘과 공생 관계에 있는 물고기다. 말미잘의 독이 있는 촉수가 포식자를 막아 준다.

7a: 두색비늘돔의 새끼
7b: 두색비늘돔의 성체
학명: *Cetoscarus bicolor*
길이: 약 50cm
파랑비늘돔의 일종이다. 파랑비늘돔은 알에서 나올 때는 모두 암컷이며, 나중에 일부가 수컷으로 변한다. 옹달샘돔처럼 자라면서 무늬가 변한다.

8: 청줄청소놀래기
학명: *Labroides dimidiatus*
길이: 약 10cm
산호초의 특정한 곳에 살면서 찾아오는 물고기를 청소해 준다.

어류

해마와 실고기

겉모습이 색다르고 이름도 특이하지만, 사실 해마는 물고기다. 해마 역시 다른 물고기처럼 아가미로 호흡을 하고 부레가 있다. 하지만 목이 있고 몸과 눈이 뼈판으로 덮여 있는 점이 다르다.

해초밭이나 산호초 같은 얕은 서식지에 살며, 움켜쥘 수 있는 꼬리로 여기저기에 달라붙어 있곤 한다. 헤엄을 잘 치지 못하므로, 자칫 하다가는 거센 해류에 휩쓸려 다른 곳으로 떠내려가기 때문이다. 모든 해마는 등에 난 작은 지느러미(등지느러미)로 헤엄을 치고 머리 양쪽의 지느러미(가슴지느러미)로 방향을 잡는다. 등지느러미를 초당 30~70번씩 치는데도 대개 1시간에 몇 미터밖에 나아가지 못한다.

움직임이 느리긴 하지만, 해마는 뛰어난 사냥꾼이며 먹이인 요각류(동물성 플랑크톤의 일종, 12쪽 참조)를 사냥할 때 성공률이 90퍼센트에 이른다. 사냥 성공률이 20퍼센트에 불과한 사자보다 훨씬 뛰어나다. 해마가 이렇게 사냥을 잘하는 이유는 독특한 모양의 머리 덕분이다. 머리가 유선형이라서 주변의 물을 거의 흔들지 않는다. 즉 먹이가 눈치 채지 못하는 사이에 가까이 다가갈 수 있다. 거리가 충분히 가까워지면 해마는 먹이를 재빨리 입으로 쏙 빨아들여서 통째로 삼킨다. 해마는 이빨이 없어서 씹을 수가 없기 때문이다. 먹이는 해마의 몸속에서 아주 빨리 소화된다.

대다수의 동물과 달리 해마는 수컷이 새끼를 낳는다. 암컷이 알을 수컷에게 주면, 수컷이 수정된 알을 육아낭에 품는다. 수컷은 부화할 때까지 알을 품고 있다. 10~25일 뒤에 작은 새끼들이 구름처럼 쏟아져 나온다. 그사이에 암컷은 알을 더 많이 만들어서 같은 일을 되풀이할 준비를 한다. 이 과정이 제대로 이루어지려면 암수가 시간을 잘 맞추어야 하므로, 해마 암컷과 수컷은 평생은 아니더라도 적어도 번식기 동안 함께 지내며 매일 아침 서로의 꼬리를 감고서 유대를 확인하는 춤을 춘다.

그림 설명

1: 할리퀸유령실고기
학명: *Solenostomus paradoxus*
길이: 최대 12cm
실고기는 해마의 친척이며, 몸과 꼬리가 곧다. 이 집단의 다른 종들과 달리, 이 종은 암컷이 알을 품었다가 새끼를 낳는다.

2: 긴주둥이해마
학명: *Hippocampus guttulatus*
길이: 최대 15cm
머리에 가시 같은 돌기가 많이 나 있어서 색달라 보인다.

3: 나뭇잎해룡
학명: *Phycodurus eques*
길이: 최대 24cm
오스트레일리아에 사는 해마이며, 몸에 난 나뭇잎 모양의 놀라운 구조물은 오로지 위장용이다. 바닷말의 잎처럼 생긴 엽상체에 붙어 있으면 알아차리기 어렵다.

4: 큰배해마
학명: *Hippocampus abdominalis*
길이: 최대 35cm
세계에서 가장 큰 해마에 속하며, '배'가 아주 크다. 수컷은 육아낭 때문에 배가 더 크다.

5: 피그미해마
학명: *Hippocampus bargibanti*
길이: 약 2cm
이 작은 해마는 산호초에서 너무나 위장을 잘하는 바람에, 1969년 연구실에서 처음 발견됐다. 해양 생물학자 조르주 바기방트가 부채꼴산호를 살펴보다가 발견한 것이다.

어류

가오리와 홍어

지난 5억 3,000만 년 동안 지구에는 많은 동물이 대량 멸종하는 사건이 다섯 차례 일어났다. 연골어류가 처음 등장한 이래로, 공룡도 그렇게 사라졌다. 그러나 이 운 좋은 집단은 바다 깊은 곳으로 피해서 멸종을 피함으로써 오늘날까지 살아남았다.

물속을 우아하게 미끄러지거나 바다 밑에 조용히 엎드려 있는 가오리와 친척인 홍어는 연골(질기면서 탄력 있는 조직)로 된 뼈대를 지닌다. 대부분은 해저에서 새우와 게를 먹으며 살아간다. 다만 대왕쥐가오리 같은 종들은 여과 섭식자로서, 날개 같은 부속지를 써서 물속을 날듯이 헤엄치면서 입으로 들어오는 플랑크톤을 먹고산다.

오랜 세월 진화하면서 가오리와 홍어는 안전을 도모하는 효과적인 방법들을 갖추었다. 피부에 반점과 얼룩에서 대리석 무늬에 이르는 정교한 무늬가 나 있어서 모래 바닥에 엎드려 있거나 햇빛을 받으며 헤엄칠 때 거의 알아차릴 수 없다. 가오리와 홍어는 모습이 비슷해서 구별하기 어려울 때가 많다. 꼬리에 침이 있는지 없는지를 찾아보는 것도 한 방법이다. 가오리는 꼬리에 침이 있는 반면, 홍어는 꼬리가 더 굵으며 작은 지느러미가 달려 있곤 한다. 가오리는 침으로 방어하기도 하지만, 대개 위장한 채로 가만히 숨어서 위험이 지나갈 때까지 기다리는 방식을 선호한다. 홍어는 등에 가시가 있으며, 대개 모래 바닥에 몸을 묻고 숨는다.

가오리와 홍어는 번식 방법도 특이하고, 다양한 방식을 쓴다. 홍어는 '인어의 지갑'이라고 하는 질긴 주머니 안에 알을 낳거나 바다 밑바닥에 알을 낳는다. 새끼는 주머니 안에서 최대 1년 동안 자란 뒤에 밖으로 나온다. 홍어의 알 주머니는 바닷말처럼 보이며, 게다가 표면이 조류로 서서히 뒤덮여서 더 알아차리기 힘들다. 반면에 가오리는 다 자란 상태의 새끼를 낳는다. 새끼는 태어나자마자 부모를 떠나 홀로 살아간다.

그림 설명

1: 얼룩매가오리
학명: *Aetobatus narinari*
폭: 최대 3m
몸길이가 최대 5미터에 달하는데, 길고 가느다란 꼬리가 대부분을 차지한다. 긴 꼬리는 뒤쪽의 움직임을 감지하는 데 쓰인다.

2: 목탁수구리
학명: *Rhina ancylostoma*
길이: 최대 3m
모습이 상어와 가오리의 중간 형태라서, '상어가오리'라는 이름도 있다.

3: 대왕쥐가오리(만타가오리)
학명: *Mobula birostris*
폭: 약 4.5m
세계에서 가장 큰 가오리로서, 폭이 최대 7미터에 달한다.

4: 점박이전기가오리
학명: *Torpedo marmorata*
길이: 최대 60cm
전기장을 써서 자신을 지키며, 한 번에 최대 200볼트의 전기를 내뿜을 수 있다. 일부 전자 제품과 비슷한 전압이다.

5: 아녹시톱가오리
학명: *Anoxypristis cuspidata*
길이: 약 3.5m
톱가오리는 모두 가장자리가 톱날처럼 생긴 주둥이를 지닌다. 주둥이에는 전기장을 검출하는 구멍들이 있다. 생물이 일으키는 전기장을 감지할 수 있으므로, 톱가오리는 숨어 있는 먹잇감도 잘 찾아낸다.

6: 꽁지가오리
학명: *Taeniura lymma*
폭: 약 35cm
이 가오리의 파란 반점은 아름답지만 위험한 침이 있다는 경고이다.

7: 물결홍어
학명: *Raja undulata*
길이: 최대 1m
홍어의 일종이며 헤엄칠 때 날개를 물결치듯이 움직인다.

어류

상어

상어는 약 4억 5,000만 년 전부터 바다를 돌아다녔다. 지금은 500종 남짓이 살고 있다. 사람들은 상어를 위험하게 생각하고 두려워하지만, 사실 소수의 종만이 사람을 문다. 그리고 실제로 공격하는 사례는 놀라울 만치 드물다. 이 매혹적인 동물들은 크기와 모양과 생활 방식이 놀라울 정도로 다양하게 진화했다. 많은 적응 형질 덕분에 바다의 최상위 포식자라는 지위를 유지하고 있다.

상어는 아주 넓은 서식지에서 사냥을 하므로, 멀리 떨어진 먹이까지 추적하려면 감각이 뛰어나야 한다. 매우 예민한 동물인 상어는 놀라운 후각, 시각, 촉각, 미각, 청각뿐 아니라, 생물의 근육에서 생기는 전기를 검출할 수 있는 전기 감각도 지닌다. 머리 전체, 특히 주둥이 밑에 흩어져 있는 젤리로 채워진 작은 구멍들을 통해 전기를 감지할 수 있다. 이 구멍은 발견한 이탈리아 과학자의 이름을 따서 로렌치니 기관이라고 한다. 로렌치니 기관은 물에서 아주 약한 전기까지 검출할 수 있다. 백상아리는 100만 분의 1볼트도 검출해 낸다.

그렇게 먼 거리를 돌아다닐 때에는 에너지 효율이 중요하다. 에너지를 아끼기 위해서, 상어의 몸은 방패비늘이라는 특수한 유선형 비늘로 덮여 있다. 이 비늘은 이빨과 모양이 비슷하며, 모두 같은 방향으로 나 있다. 주둥이에서 꼬리 쪽으로 향한다. 그 결과 항력과 난류가 줄어들어서, 상어는 물을 쉽게 가르면서, 더 빨리 더 조용히 헤엄칠 수 있다. 또 상어는 아주 가벼운 연골 뼈대로 이루어져 있기에, 몸이 가벼워 속도를 더 낼 수 있다. 이빨만 경골(굳뼈)이다. 이빨은 상어 종마다 모양이 다르며 먹이에 완벽하게 맞추어져 있다. 상어의 입에는 이빨이 여러 줄로 나 있고, 빠지더라도 평생 동안 다시 자란다.

상어는 인상적이면서 아름다울 뿐 아니라, 우리 바다의 건강에도 대단히 중요하다. 상어는 아픈 동물을 사냥하는 경향이 있다. 건강한 개체보다 잡기가 더 쉽기 때문이다. 상어가 없다면 물고기 무리에 질병이 더 금방 퍼질 수 있다.

그림 설명

1: 에펄렛상어
학명: *Hemiscyllium ocellatum*
길이: 최대 90cm
이 작은 상어는 헤엄치는 대신에 가슴지느러미와 배지느러미를 움직여 바다 밑을 걷곤 한다.

2: 백상아리
학명: *Carcharodon carcharias*
길이: 최대 5m
이 장엄한 동물은 주변의 물보다 최대 8도까지 높게 체온을 유지할 수 있다.

3: 흰배환도상어
학명: *Alopias vulpinus*
길이: 최대 5m
꼬리지느러미의 유달리 긴 위쪽으로 물고기를 때려 기절시킨다.

4: 검목상어
학명: *Isistius brasiliensis*
길이: 최대 56cm
이 작은 상어는 기생 동물이다. 더 큰 동물에 달라붙어서 살을 물어뜯는다. 검목상어가 물어서 살이 떨어져 나간 자리는 완벽한 원을 이룬다. 마치 쿠키를 찍어 내는 틀과 같아서 '쿠키커터상어'라는 별명이 있다.

5: 돌묵상어
학명: *Cetorhinus maximus*
길이: 약 8m
이 상어는 고래상어 다음으로 몸집이 크지만 사실 플랑크톤을 먹는다.

6: 술장식수염상어
학명: *Eucrossorhinus dasypogon*
길이: 최대 2m
몸 가장자리가 술처럼 되어 있어서 가만히 있으면 산호나 조류처럼 보인다. 몸의 복잡한 무늬도 위장에 도움을 준다. 위장 덕분에 먹이가 알아차리지 못한 채 다가와서 잡힌다.

7: 장완흉상어
학명: *Carcharhinus longimanus*
길이: 약 3m
지느러미가 크고 둥근 편이고 첫 번째 등지느러미와 가슴지느러미, 꼬리지느러미의 끝이 흰색이다.

어류

고래상어

고래상어는 먼바다를 돌아다니는 거대한 상어다. 먹이가 가장 많은 곳을 찾아서 엄청난 거리를 돌아다닌다. 거대한 입으로 물을 걸러서 작은 물고기와 알, 미세한 플랑크톤만을 먹는다. 몸길이가 약 10미터에 달하는, 세상에서 가장 큰 물고기다. 하지만 고래상어는 아직 우리가 모르는 수수께끼를 간직하고 있다.

해마다 같은 계절에 멕시코의 유카탄반도 앞바다로 아주 많은 고래상어들이 몰려든다. 이곳에서 다랑어가 낳는 수많은 알을 먹기 위해 모이는 듯하다. 그래서 상어 연구자는 물론이고 고래상어를 구경하려는 관광객도 때맞추어 몰려든다. 어느 암컷 고래상어에게 인식표를 달았더니 약 7,000킬로미터를 돌고서 다시 온 것이 드러났다. 하루에 약 50킬로미터씩 헤엄친 셈이다. 먼바다로 가서 새끼를 낳기 위해 여행하는 것일 수 있다.

고래상어가 새끼를 낳는 모습은 한 번도 목격된 적이 없으므로, 출산이 어디에서 이루어지는지는 아직 잘 모른다. 과학자들은 고래상어가 갈라파고스 제도 같은 먼 섬까지 가서 깊은 물에서 낳는 것이 아닐까 추측한다. 1996년에 잡힌 고래상어를 조사했더니, 어미가 몸속에서 알을 부화시킨 뒤 새끼를 물에 낳는다는 사실이 드러났다. 이런 번식 방식을 '난태생'이라고 한다. 고래상어는 성체의 거대한 크기에 비하면 아주 작은 길이 40~60센티미터의 새끼를 몸속에 300마리가량 품고 있었다.

연구자들은 이제 전자 인식표 대신에 다른 방법으로 고래상어를 구분하고 움직임을 기록하려고 한다. 고래상어는 개체마다 옆과 등에 난 반점 무늬가 다르다. 무늬는 사람의 지문만큼 독특하다. 과학자들은 인식표를 붙이지 않고서도 이 무늬를 토대로 사진에 찍힌 고래상어를 구별하고, 어느 개체가 얼마나 멀리까지 이동했는지 알아낼 수 있다. 예전에는 무늬를 보고 개체를 구분하기까지 오랜 시간이 걸렸지만, 별자리를 파악하는 데 쓰이는 알고리듬을 수정하여 고래상어의 반점 무늬를 파악할 수 있게 되면서 상황이 달라졌다. 지금은 컴퓨터 소프트웨어로 개체를 식별할 수 있으며, 덕분에 이 놀라운 동물의 삶을 더 상세히 알아내고 있다.

그림 설명

1: 고래상어
학명: *Rhincodon typus*
길이: 최대 18m
이 거대한 동물은 거대한 몸집과 여과 섭식 행동 방식이 수염고래와 비슷해서 고래상어라는 이름이 붙었다. 고래상어는 전 세계 열대의 먼바다에 산다. 아무도 확신할 수 없지만 보통 몸길이 10미터까지 자라고 70~100년을 살며, 약 30세가 되어야 새끼를 낳을 수 있는 듯하다.

2: 골든트레벌리
학명: *Gnathanodon speciosus*
길이: 최대 1.2m
밝은 색깔의 전갱이류로 고래상어 곁에서 종종 관찰된다. 고래상어가 먹을 때 주변에 떨어지는 먹이를 먹기 위해서 따라다니는 것이다.

3: 대빨판이
학명: *Remora remora*
길이: 약 40cm
빨판상어의 일종으로 고래상어 같은 큰 동물에 달라붙어서 먼 거리를 무임승차하여 이동한다. 고래상어에게 좋은 쪽으로도 나쁜 쪽으로도 별 영향을 미치지 않는다.

어류

서식지: 맹그로브 숲

맹그로브 나무는 대부분의 식물이라면 살지 못할 조건에서도 살아남을 수 있다. 열대 해안에서 자라는 이 생존력 강한 식물은 짠물, 강한 햇빛, 밀물과 썰물(조수), 거센 파도를 모두 견뎌 낸다. 여러 가지 독특한 적응 형질을 지닌 덕분이다. 줄기에서 뻗어 나와서 땅속으로 뻗어 나무를 튼튼하게 받치는 버팀뿌리 덕분에 폭풍에도 견딜 수 있다. 또 곧게 뻗은 구멍 많은 뿌리는 산소 농도가 낮은 진흙탕 물 위로 나와서 공기에서 산소를 흡수한다. 또 잎은 뿌리가 흡수한 물에서 염분을 90퍼센트까지 걸러 낼 수 있다.

얼기설기 뻗은 뿌리 덕분에 물속에는 여기저기 굴과 터널이 생긴다. 어류를 비롯한 작은 동물들이 숨기에 딱 좋은 곳이다. 레몬상어 새끼를 비롯한 어린 동물들에게 특히 좋다. 레몬상어 새끼는 맹그로브 숲에서 지내다가 자란 뒤에 다른 서식지로 떠나는 듯하다. 평생을 맹그로브 숲에서 사는 동물도 있고, 계절에 따라 오고 가는 동물도 있다. 말뚝망둥어 같은 동물은 곤충을 잡기 위해 물 바깥으로 나가서 진흙 위에서 뛰고 미끄러지면서 돌아다니기도 한다.

맹그로브 숲은 해안을 따라 발달하므로, 바다의 침식을 막는 탁월한 천연 방파제가 된다. 맹그로브가 없다면 해안 생태계는 바다에서 밀어닥치는 폭풍에 더 자주 피해를 입을 것이다. 맹그로브 숲은 어린 물고기를 보호하는 장소로도 대단히 중요한 역할을 한다. 맹그로브 숲의 물고기들은 나중에 다른 수많은 동물들의 먹이가 됨으로써 해양 전체의 먹이 사슬을 지탱한다. 물론 사람까지 포함된 먹이 사슬을 뜻한다.

그림 설명

동남아시아의 맹그로브 숲

1: 고리농게
학명: *Uca annulipes*
등딱지 폭: 최대 2cm
수컷은 한쪽 집게발이 더 크며, 큰 집게발을 높이 치켜들고 흔들어서 암컷을 꾄다.

2: 맹그로브
학명: *Rhizophora racemosa*
키: 약 30m
맹그로브의 씨는 며칠 또는 몇 주 동안 물에 떠다니다가 자라기 좋은 곳에 닿으면 싹이 난다.

3: 은줄말뚝망둥어
학명: *Periophthalmus argentilineatus*
길이: 최대 19cm
말뚝망둥어는 썰물 때 물이 빠지면 물 바깥에서도 지낼 수 있다.

4: 넓은띠색줄멸
학명: *Atherinomorus lacunosus*
길이: 최대 12cm
수백 마리씩 떼를 지어 다닌다.

5: 풀잉어
학명: *Megalops cyprinoides*
길이: 최대 45.5cm
부레로 공기 호흡을 한다. 그래서 산소를 더 많이 마시므로 더 빨리 움직일 수 있다.

6: 낫레몬상어
학명: *Negaprion acutidens*
길이: 최대 3.8m
레몬상어의 일종으로 새끼 때에는 맹그로브 숲에서 사냥을 하며 지낸다.

7: 모노닥
학명: *Monodactylus argenteus*
길이: 약 12cm
몸 옆면의 줄무늬 때문에 포식자는 이 물고기가 어느 방향으로 가고 있는지 헷갈린다.

8: 맹그로브의 씨
학명: *Monodactylus argenteus*
길이: 최대 30cm
씨는 익으면 물에 떨어져서 해류를 타고 떠다닌다. 적당한 곳에 닿으면 싹이 튼다.

바다 박물관

6 전시실

포유류

고래류

대왕고래

기각류

바다소와 듀공

서식지: 켈프 숲

포유류

고래류

고래는 따뜻한 열대부터 차가운 극지방까지 모든 바다에 사는 해양 포유류다. 고래와 돌고래, 참돌고래 등이 고래류에 속한다. 이 수수께끼의 집단은 엄청난 거리를 헤엄치고 체온을 유지하는 특수한 적응 형질을 지닌다.

고래류는 땅에 사는 포유동물과 꽤 많은 특징을 공유한다. 피가 따뜻하게 유지되고, 허파로 공기 호흡을 하고, 영양가 높은 젖을 먹여서 새끼를 돌본다. 육지의 포유류 친척들처럼, 이 집단도 털이 좀 있다. 고래류의 털은 주로 입가에 감각모 형태로 나 있다. 고래류가 이렇게 비슷한 점이 많아도, 먹는 방식은 종에 따라서 전혀 다르다. 이빨고래류는 커다란 먹이를 사냥하여 잡는 데 알맞은 작고 날카로운 이빨을 지녔고, 수염고래류는 길고 촘촘한 솔처럼 생긴 고래수염으로 플랑크톤을 걸러 먹는다. 고래는 공기 호흡을 하므로, 먹이를 사냥하는 동안에는 숨을 참고 있어야 한다. 향유고래는 수심 약 2,250미터까지 잠수하며, 최대 90분까지 숨을 참을 수 있다.

고래류는 먹이를 구하는 해역과 번식하는 해역이 다를 때도 있다. 그러면 해마다 양쪽을 오가야 한다. 고래는 튼튼하고 힘차게 헤엄칠 수 있으므로 이 항해를 충분히 해낸다. 또 모든 고래는 체온을 유지하는 데 도움이 되는 두꺼운 지방층을 지닌다. 이주 거리가 엄청난 경우도 있다. 일부 종은 해마다 거의 5,000킬로미터를 여행한다. 혹등고래는 무려 1만 6,400킬로미터를 헤엄치면서 적도와 남극해 사이를 오간다.

이런 장거리 이주자들은 생존하기 위해 다른 개체들과 정보를 나누어야 한다. 이들은 놀랍고도 정교한 방식으로 의사소통을 한다. 수염고래류는 아주 멀리까지 전달되는 낮게 울리는 노래를 주로 이용하는 한편, 돌고래류는 딸깍거리는 듯한 '클릭음'과 휘파람 소리로 의사소통을 한다. 고래와 돌고래는 해역별로 쓰는 언어가 조금씩 다르기도 하며, 사람의 목소리와 마찬가지로 개체마다 소리가 조금씩 다르다.

그림 설명

1: 참돌고래
학명: *Delphinus delphis*
길이: 최대 2.4m
수백 마리, 때로는 수천 마리가 무리를 지어 다닌다. 매우 사교적이고 평생을 무리에서 함께 지낸다.

2: 머리코돌고래
학명: *Cephalorhynchus commersonii*
길이: 최대 1.5m
이 작은 돌고래는 날쌔고 장난기가 많다. 헤엄치다가 몸을 뒤집거나 공중으로 뛰어오르곤 한다.

3: 향유고래
학명: *Physeter macrocephalus*
길이: 최대 18m
심해로 잠수하여 대왕오징어를 잡아먹는다고 알려져 있다.

4: 쇠돌고래
학명: *Phocoena phocoena*
길이: 최대 2m
돌고래보다 주둥이가 더 짧고 이빨이 납작한 삽 모양이다.

5: 혹등고래
학명: *Megaptera novaeangliae*
길이: 최대 16m
등에 난 것은 사실 혹이 아니다. 잠수하기에 알맞은 형태로 몸이 굽은 것이다.

6: 밍크고래
학명: *Balaenoptera acutorostrata*
길이: 약 10.2m
수염고래 중 가장 작은 편에 속한다. 범고래(74쪽 참조)에게 잡아먹히곤 한다.

7: 흰고래
학명: *Delphinapterus leucas*
길이: 최대 5m
극지방에 사는 모든 고래와 마찬가지로, 흰고래도 등지느러미가 없다. 그래서 얼음 밑에서 몸을 긁히지 않고 헤엄칠 수 있다.

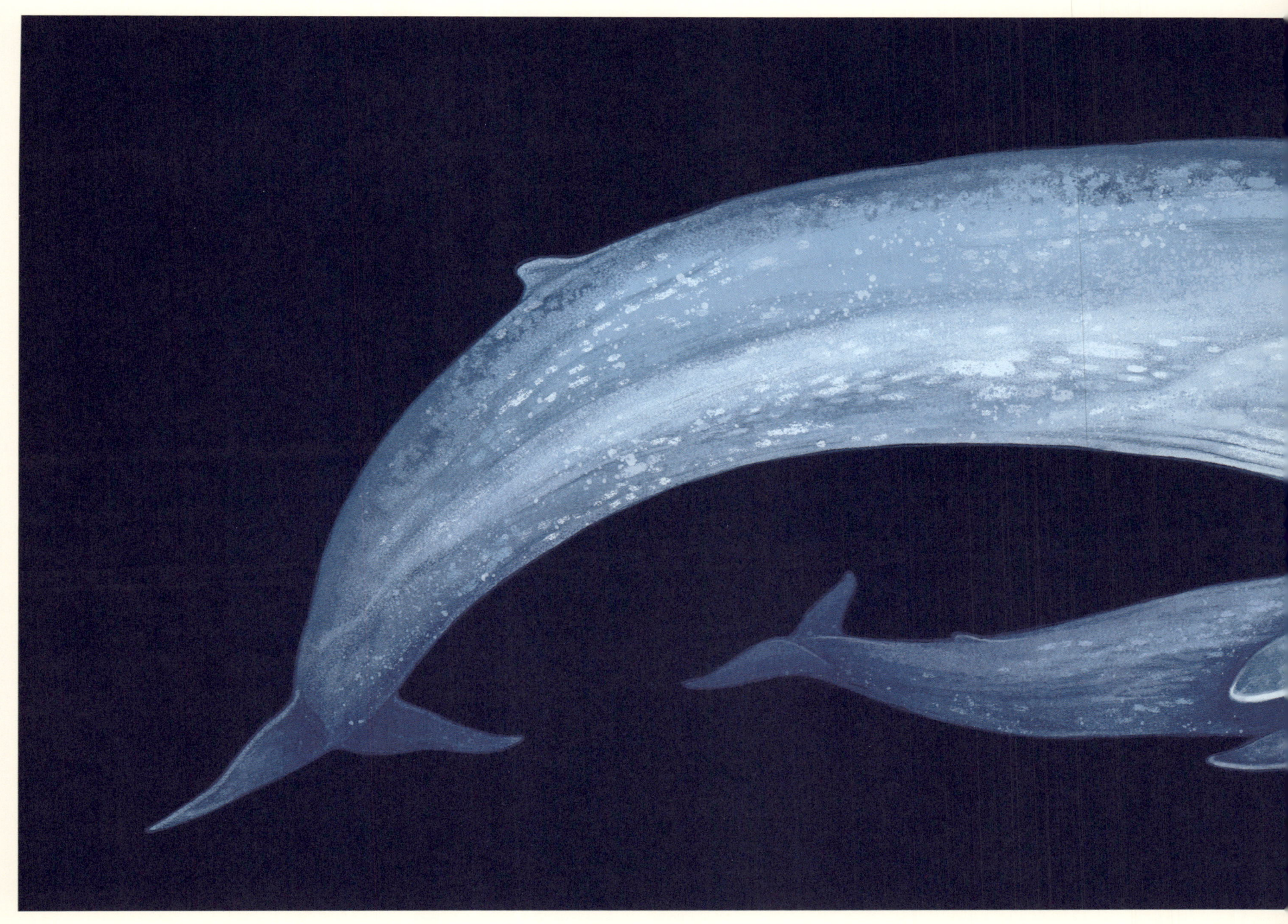

포유류

대왕고래

대왕고래(흰긴수염고래)는 지금까지 지구에 살았던 동물 중 가장 크다. 몸길이가 최대 30미터에 달한다. 몸무게는 거의 200톤이며, 심장이 소형 자동차만 하다. 가장 큰 공룡만이 그나마 이 크기에 가까워 견줄 만하다. 대왕고래는 물에 살기 때문에 이렇게 클 수 있다. 물이 몸무게를 받쳐 주어서 내장이 짓눌리지 않는다. 이 거대한 동물은 약 150만 년 전부터 바다를 돌아다녔다. 하지만 20세기에 개체수가 99퍼센트 이상 줄어들었다. 인간에게 사냥당했기 때문이다. 인류는 고기, 기름, 뼈를 얻기 위해 고래를 사냥했다. 멸종 위기에 처했던 대왕고래는 1966년부터 보호를 받으면서 서서히 수가 늘어나기 시작했다. 하지만 예전에 비하면 여전히 아주 적다.

대왕고래는 가장 큰 동물일 뿐 아니라, 가장 시끄러운 동물에 속한다. 수컷이 특히 큰 소리를 내는데, 제트기보다 시끄러운 188데시벨까지 이른다. 한편 대왕고래들은 수백 킬로미터 떨어진 곳에서도 서로의 노래를 들을 수 있지만, 사람에게는 안 들린다. 주파수가 너무 낮아서 우리는 듣지 못한다.

재미있는 점은 지구에서 가장 큰 동물인 대왕고래가 가장 작은 동물을 먹이로 삼는다는 사실이다. 이들은 고래수염으로 바닷물에서 아주 작은 크릴을 걸러 먹는다. 고래수염은 털이 붙어 있는 판과 같으며, 입 안 위쪽

에 줄지어 나 있다. 대왕고래는 목의 주름을 부풀리면 엄청나게 커지는 입으로 크릴을 하루에 약 4톤씩 먹을 수 있다. 먼저 입을 벌려서 몇 톤의 물을 크릴과 함께 입에 담는다. 그런 뒤 입 밖으로 물을 뿜어내면서 커다란 고래수염으로 먹이를 걸러 내어 상대적으로 좁은 목구멍으로 넘긴다.

대왕고래는 찬 바다와 따뜻한 바다 사이를 오간다. 따뜻한 계절에는 몇 달 동안 극지방에서 먹이를 먹으면서 지내다가, 날씨가 추워지면 적도 가까이로 와서 번식을 한다. 암컷은 2~3년마다 새끼를 배는데, 임신 기간은 약 1년이고 몸길이가 7미터에 달하는 새끼를 낳는다.

그림 설명

1: 대왕고래
학명: *Balaenoptera musculus*
길이: 최대 30m
대왕고래는 먹이를 엄청나게 많이 먹으므로 먹잇감을 충분히 얻을 수 있는 곳을 찾아야 한다. 번식지에서 섭식지로 이주할 때, 먹이가 있는 곳과 가는 길을 기억해야 한다. 과학자들은 대왕고래가 섭식지의 위치와 경로를 기억하며, 먹을 크릴이 가장 많아지는 시기에 딱 맞추어 이주한다고 생각한다.

2: 대왕고래의 새끼
길이: 태어날 때 약 7m
새끼는 지방이 많고 영양가가 높은 젖을 약 200리터씩 먹으면서 하루에 100킬로그램씩 자란다. 몸길이가 약 16미터에 달하는 생후 6개월이 되면 젖을 뗀다.

포유류

기각류

기각류에는 몇몇 가장 빠르면서 가장 날랜 해양 포유류도 속해 있다. 기각류의 이름은 물속 생활에 적응한 '지느러미발'에서 유래했다. 기각류는 대부분 지구에서 가장 차가운 물에서 살아간다. 이들은 포식자이고 주로 물속에서 헤엄치면서 지내지만, 천적인 다른 포식자를 피해 육지나 얼음 위로 올라가기도 한다. 기각류는 세 집단으로 나뉜다. 물범류, 바다사자류, 바다코끼리류다.

물범은 귀가 튀어나와 있지 않다는 점에서 구별된다. 어둠 속에서도 잘 보이는 커다란 눈, 체온을 유지하는 두꺼운 지방층과 털가죽, 유선형 몸을 갖춤으로써 빙하 주변의 찬물에서 살아가는 데 완벽하게 적응되어 있다. 물범은 대개 북극해나 남극해의 땅이나 얼음 위에서 번식을 하지만, 육지 생활에는 잘 적응되어 있지 않다. 물 밖에서는 뒤 지느러미발을 쓸 수가 없기 때문이다. 그래서 튼튼한 위장 근육과 짧은 앞 지느러미발로 몸을 끌면서 다닌다.

바다사자와 그 가까운 친척인 물개는 머리 양쪽으로 귀가 튀어나와 있다. 날쌔고 우아하게 헤엄치며, 물속에서 물범보다 더 능숙하게 몸을 비틀고 회전할 수 있다. 때로 물 밖으로 나와 지내기도 하며, 긴 근육질 지느러미발을 앞 방향으로 틀면서 걸을 수 있다.

세 번째 집단인 바다코끼리는 한 종뿐이다. 험상궂게 생긴 이 무거운 동물은 주로 물속에서 지내면서 조개 같은 무척추동물을 잡아먹는다. 조개를 찾으면 양쪽 입술로 문 뒤 혀를 입 안쪽으로 쏙 잡아당긴다. 그러면 엄청나게 세게 빨아들이는 힘이 생기면서 조갯살이 쏙 빠져나온다. 거대한 몸집뿐 아니라, 커다란 엄니도 바다코끼리의 주된 특징이다. 엄니는 암수 모두 지닌다. 수컷은 길이가 거의 1미터나 되는 이 이빨로 우위를 과시하며, 이긴 수컷이 암컷과 짝을 짓는다. 엄니는 겨울철에 얼음에 구멍을 뚫는 데에도 쓰인다. 공기 호흡을 하므로 얼음에 구멍을 내어 고개를 내밀어야 하므로 아주 유용하다.

──────────── 그림 설명 ────────────

1: 띠무늬물범
학명: *Histriophoca fasciata*
길이: 최대 1.6m
자라면서 몸에 멋진 띠무늬가 생긴다. 태어날 때는 흰색이며, 나중에 털갈이를 하고 4년쯤 지나면 부모와 비슷한 모습이 된다.

2: 남극물개
학명: *Arctocephalus gazella*
길이: 최대 1.8m
18~19세기에 이 동물의 털가죽이 옷감으로 큰 인기를 끄는 바람에, 사냥당해서 거의 멸종할 뻔했다.

3: 캘리포니아바다사자
학명: *Zalophus californianus*
길이: 최대 2.4m
모든 기각류처럼 바다사자도 얼굴에 수염(감각모)이 나 있다. 감각모는 물속에서 먹이의 움직임을 알아내는 데 쓰인다.

4: 바다코끼리
학명: *Odobenus rosmarus*
길이: 2.2~3.6m
몸무게가 1,500킬로그램을 넘는다. 다 자란 바다코끼리는 한 번의 섭식기에 조개를 6,000마리까지 먹기도 한다.

5: 잔점박이물범
학명: *Phoca vitulina*
길이: 최대 1.9m
북반구에 살면서 갑각류, 연체동물, 어류를 먹는다.

6: 남방코끼리물범
학명: *Mirounga leonine*
길이: 2.6~5.8m
가장 깊이 잠수하는 포유동물에 속한다. 2,000미터까지 잠수한 기록이 있다. 수컷은 불룩 튀어나온 코로 암컷을 꾄다.

포유류

바다소와 듀공

옛날 뱃사람들은 얕은 물에서 우아하게 헤엄치는 이 해양 포유류를 신화에 나오는 동물로 착각하곤 했다. 그래서 많은 인어 전설이 생겨났다. 바다소(매너티)와 듀공이 속한 바다소목(sirenia)을 가리키는 영어 이름은 '사이렌(siren)'을 뜻하는 그리스어에서 유래했다. 사이렌(세이렌)은 뱃사람을 노래로 유혹해서 배를 난파시키는 요정이다.

몸집이 크고 움직임이 느리면서 한 번에 몇 시간씩 해초를 뜯어 먹는다는 점에서, 바다소류는 육지에 사는 소와 비슷한 점이 많다. 그리고 현재 살아 있는 초식성 해양 포유동물로는 유일한 집단이다. 이들의 사촌인 스텔라바다소는 슬프게도 마구 사냥당해서 멸종했다. 안타깝게도 바다소와 듀공도 현재 멸종에 취약한 동물로 분류되어 있다. 둘 다 물에 사는 포유동물이지만 공기 호흡을 해야 하며, 숨을 쉬기 위해 약 5분마다 물 위로 머리를 내민다.

오스트레일리아 북부, 인도, 인도네시아, 아프리카 동부의 열대 바다에 사는 듀공은 힘세면서 잘 움직이는 윗입술로 해초를 뜯어 먹는다. 하루에 많으면 50킬로그램까지 먹는다. 해초가 뜯기면서 바다 밑바닥이 움푹 파이기도 하는데, 그럴 때 작은 무척추동물들이 놀라서 뛰쳐나오므로, 골든트레벌리 같은 물고기는 듀공의 뒤를 따라다니면서 먹이를 손쉽게 얻곤 한다.

바다소는 3종이 있으며, 각각 사는 곳이 다르다. 카리브해, 서아프리카, 아마존강 유역에 살고 있다. 듀공과 달리, 바다소는 바다에서 강을 따라 올라올 수 있으며, 아마존바다소는 민물에서만 살아간다. 체온을 유지해 줄 지방층이 없어서, 바다소는 수온이 15~20도인 물에서만 지내야 한다. 그래서 겨울이 되면 이주를 한다. 때로는 민물의 수원인 온천 주위로 모여들곤 한다.

천적인 포식자가 거의 없음에도, 바다소와 듀공은 수가 줄어들고 있다. 유독한 적조 현상(유해 조류 대발생, 10쪽 참조)이 잦아지고 따뜻한 바다 서식지가 점점 사라지고 있기 때문이다. 게다가 바다소류는 배에 부딪히는 사고를 자주 겪는다. 해마다 많은 수가 배에 부딪혀 죽거나 심하게 다친다.

그림 설명

1: 스텔라바다소의 머리뼈
학명: *Hydrodamalis gigas*
머리뼈 길이: 약 61cm
사냥당해서 1768년에 멸종했다. 이 머리뼈 같은 뼈만 남아 있다. 몸길이 10미터에 몸무게 11톤까지 자랐다. 지금의 고래보다도 더 컸다.

2: 듀공
학명: *Dugong dugon*
길이: 최대 3m
듀공은 바다소보다 몸집이 조금 작으며, 꼬리가 돌고래 꼬리와 비슷하다. 현재 살아 있는 듀공은 한 종뿐이다.

3: 서인도제도바다소(카리브해바다소)
학명: *Trichechus manatus*
길이: 최대 3.5m
바다소는 둥그스름한 노처럼 생긴 더 큰 꼬리가 있고, 지느러미발에 발톱이 달려 있다는 점에서 듀공과 구별된다. 바다소 중에서 가장 큰 종이며, 보전 노력 덕분에 지금은 수가 늘고 있다.

포유류

서식지: 켈프 숲

켈프는 물이 차가운 해안에서 자라는 다시마 등의 바닷말(해조류)이다. 육지의 식물과 달리, 바닷말은 뿌리 대신에 부착기로 바다 밑의 바위에 달라붙어 있다. 꽉 달라붙어서 태풍과 해류에 견딜 수 있다. 부착기에서 하나 이상의 자루가 뻗어 자라며, 긴 것은 수면까지 닿기도 한다. 자루에는 잎처럼 생긴 엽상체가 달린다. 줄기에는 공기주머니(기낭)가 붙어 있어서 가라앉지 않게 해준다. 그래서 광합성을 하기 좋은 수면 가까이까지 뻗어 올라갈 수 있다. 켈프 중에는 키가 45미터나 되는 것도 있다. 바다 밑에서 수면까지 뻗어 있는 넓은 숲을 이루기도 한다. 육지의 우림처럼 이 생태계도 몇 층으로 나뉘며, 다양한 동물에게 먹이와 보금자리를 제공한다. 해달은 맨 위쪽에서 줄기를 몸에 감고 자곤 한다. 상어는 켈프 사이의 통로를 돌아다니면서 먹이를 찾는다. 무척추동물들은 바다 밑의 부착기 사이를 느릿느릿 돌아다닌다.

모든 생태계가 그렇듯이, 이 생태계에서도 광합성을 하는 생물(이를 테면 바닷말)과 초식 동물, 육식 동물 사이에 미묘한 균형이 이루어져 있다. 켈프, 성게, 해달의 관계는 이 균형을 가장 잘 보여 주는 사례다. 성게는 켈프를 뜯어 먹어서, 새로운 켈프가 자랄 공간을 만든다. 해달은 성게를 잡아먹어서, 성게가 너무 불어나 켈프를 다 먹어 치우는 일을 막는다. 그런데 18~19세기에 사람들이 해달을 마구 사냥하는 바람에, 해달이 성게의 수를 억제할 수 없게 되었다. 성게는 불어나면서 켈프를 마구 먹어 치웠고, 이윽고 켈프 숲이 완전히 사라지는 곳들이 나타났다. 켈프가 사라진 곳은 성게 황무지라고 불렸다. 켈프 숲은 다른 환경 변화들에도 취약하다. 폭풍이 잦아지면 켈프가 부착기에서 뜯겨 나갈 수 있다. 또 수온이 높아지면 켈프가 자랄 양분이 부족해진다. 수질이 나빠지면 광합성에 필요한 빛이 줄어든다. 기후 변화로 수온이 증가함에 따라서, 켈프 숲은 앞으로 물이 더 차가운 북쪽으로 옮겨질 수도 있다.

그림 설명

미국 캘리포니아 해안의 켈프 숲

1: 남방해달
학명: *Enhydra lutris nereis*
길이: 최대 1.4m
해달은 18~19세기에 털가죽을 얻으려는 사람들에게 사냥당해서 수가 크게 줄었다. 보전 노력 덕분에 지금은 늘어나고 있다.

2: 황소다시마
학명: *Nereocystis luetkeana*
길이: 약 36m
황소다시마 추출물은 아이스크림 등 다양한 생활용품에 쓰인다.

3: 가리발디자리돔
학명: *Hypsypops rubicundus*
길이: 약 30cm
수컷은 1년 내내 둥지 곁을 지킨다. 봄에 수컷은 둥지를 청소하고 멋지게 헤엄치면서 암컷을 꾄다.

4: 표범상어
학명: *Triakis semifasciata*
길이: 약 1.6m
이 상어의 새끼는 켈프 숲의 모래 바닥에서 고둥과 게를 찾아 먹곤 한다.

5: 자이언트켈프
학명: *Macrocystis pyrifera*
길이: 약 45m
하루에 45센티미터까지 자란다. 지구에서 가장 빨리 자라는 생물에 속한다. 바다 밑에서 자루가 뜯어지면 둥둥 떠다니면서 많은 동물들에게 피신처를 제공한다.

6: 세동가리혹돔
학명: *Semicossyphus pulcher*
길이: 약 91cm
부화할 때는 다 암컷이었다가 나중에 모두 수컷으로 변한다.

7: 보라성게
학명: *Strongylocentrotus purpuratus*
길이: 약 10cm
이 무척추동물은 먹성이 너무 좋아서 켈프 숲을 위협한다. 미국 캘리포니아 켈프 숲의 90퍼센트를 먹어서 없앴다.

8: 볼락
학명: *Sebastes sp.*
길이: 종에 따라서 약 12~104cm
가장 수명이 긴 물고기 중 하나다. 100년을 살 수 있는 종도 있다.

바다 박물관

7 전시실

조류

바닷새
서식지: 극지방

조류

바닷새

바닷새는 모든 조류 종의 약 3.5퍼센트를 차지한다. 나그네앨버트로스처럼 생애의 대부분을 물 위를 활공하면서 보내든 퍼핀처럼 먹이를 구할 때에만 바다로 오든 간에, 이 새들은 모두 바다와 이어져 있다. 다른 새들보다 깃털의 색이 더 칙칙한 편이다. 수면을 배경으로 위장하는 데 도움이 된다.

바닷새의 사냥 방식은 종마다 다르다. 푸른발부비새(푸른발얼가니새)처럼 공중을 날다가 거의 30미터 높이에서 바다로 내리꽂히듯 내려와서 물속의 먹이를 잡는 종도 있다. 낮게 날면서 수면을 스치면서 먹이를 잡거나, 윌슨바다제비처럼 잠시 내려앉아 물에 발을 담가서 플랑크톤을 수면으로 모이게 꾀어서 먹는 쪽으로 적응한 종도 있다. 펭귄은 아예 비행을 포기한 경우이다. 튼튼하고 짧은 날개를 지느러미발처럼 써서 물속에서 세차게 휘저으며 헤엄친다.

많은 바닷새가 번식하기 위해 이주한다. 엄청난 거리를 나는 새들도 있다. 나그네앨버트로스는 한 번 날아오르면 약 1만 6,000킬로미터를 이동한다고 알려져 있다. 날개를 거의 치지 않으면서 난다. 날갯짓을 하는 대신에 상승 기류를 타고 날면서 에너지를 절약한다. 번식기가 되면 나그네앨버트로스들은 바위섬이나 바닷가 낭떠러지 위에 모인다. 암수가 짝을 짓고 함께 머물며, 아주 오랜 기간 떨어져 지내다가 다시 만나는 개체들도 있다. 부모 중 한쪽이 새끼를 돌보고 다른 한쪽은 먹이를 찾아 돌아다닌다.

이 전략은 황제펭귄에게도 중요하다. 황제펭귄은 남극 대륙에서 겨울을 보내는 유일한 동물이다. 이 놀라운 새는 내륙으로 80~120킬로미터를 걸어 들어간 곳에서 번식을 한다. 부모는 교대로 알과 새끼를 돌보고 먹이를 찾아 바다로 나간다. 부부가 협력해야만 이런 극한 환경 조건에서 새끼를 키울 수 있다.

그림 설명

1: 재갈매기
학명: *Larus argentatus*
날개폭: 최대 1.5m
이 새는 기후 변화 때문에 포식자에서 청소동물로 돌아설지도 모른다. 쓰레기를 먹거나 사람들에게 먹이를 받아 먹게 될 수 있다는 뜻이다.

2: 윌슨바다제비
학명: *Oceanites oceanicus*
날개폭: 최대 42cm
폭풍이 이는 바다에서 최악의 날씨를 피해 파도의 골을 따라서 날아다닌다.

3: 붉은부리열대새
학명: : *Phaethon aethereus*
날개폭: 최대 1.1m
이 새가 좋아하는 먹이는 날치다. 공중에서 날치를 낚아챈다고 알려져 있다.

4: 나그네앨버트로스
학명: *Diomedea exulans*
날개폭: 최대 3.5m
새 중에서 날개폭이 가장 넓다. 한 번도 땅에 내리지 않은 채 몇 년 동안 계속 날 수도 있다.

5: 푸른발부비새(푸른발얼가니새)
학명: *Sula nebouxii*
날개폭: 최대 1.5m
선명한 푸른색 발이 특징이다. 수컷은 파란 발로 구애 춤을 추면서 짝을 꾄다.

6: 대서양퍼핀(코뿔바다오리)
학명: *Fratercula arctica*
날개폭: 최대 63cm
번식기가 끝나면, 화려한 부리 껍질이 떨어져 나가고 눈가의 색깔도 사라진다.

7: 오스트레일리아사다새
(오스트레일리아펠리컨)
학명: *Pelecanus conspicillatus*
날개폭: 최대 2.6m
알려진 새 중에서 부리가 가장 길다. 최대 50센티미터에 달한다.

8: 황제펭귄
학명: *Aptenodytes forsteri*
키: 최대 1.2m
펭귄 중에서 가장 큰 종이다. 먹이를 찾아서 수심 500미터까지 잠수할 수 있다.

9: 아프리카펭귄
학명: *Spheniscus demersus*
키: 최대 70cm
유일하게 아프리카 대륙에 사는 펭귄이며, 더운 환경에 적응해 있다. 눈 위쪽에 드러난 붉은 피부는 열 배출을 돕는다.

조류

서식지: 극지방

북극지방과 남극지방은 지구에서 가장 극한 환경에 속한다. 기온이 영하 80도까지 떨어지고, 시속 160킬로미터에 이르는 거센 바람이 불고, 한 해 중 절반은 어둠에 잠겨 있고, 얼음으로 뒤덮여 있어서 거의 살기 어려운 이곳에는 가장 강인한 생물들만이 산다.

남극 대륙은 지구의 가장 남쪽 끝에 있으며, 온통 얼음으로 둘러싸이고 덮여 있는 곳이다. 북극권은 지구의 가장 북쪽에 있는 북극해와 그 주위에 있는 핀란드, 노르웨이, 아이슬란드, 그린란드, 러시아, 미국 북부 지역으로 이루어진 곳이다. 계절에 따라 얼음이 녹는 곳도 있고, 최대 3미터 두께의 얼음이 1년 내내 덮여 있는 곳도 있다. 툰드라라고 불리는 곳의 땅은 거의 영구히 얼어붙어 있으며, 뿌리가 얕으면서 낮게 자라는 식물만 자란다.

처음 보면 생물이 살기 어려울 것이라는 인상을 받을 수 있지만 북극권에는 신비해 보이는 외뿔고래(일각고래)과 장엄한 북극곰을 비롯해, 이주하는 바닷새와 해양 동물들에 이르기까지 꽤 많은 동물이 산다. 이렇게 다양한 동물들이 사는 이유는 찬물에 양분이 많아서 플랑크톤이 왕성하게 자라기에 알맞은 조건을 갖추었기 때문이다. 이런 미생물은 북극곰과 범고래 같은 최상위 포식자에게까지 이어지는 먹이 사슬의 첫 번째 고리이기에 매우 중요하다.

계절이 바뀌고 기온이 바뀔 때 얼음의 높이도 달라지면서 생물들의 한살이에 영향을 미친다. 혹등고래는 겨울에는 번식지에서 지내다가 여름에 해빙이 녹아서 길이 열리면 북극권이나 남극권으로 향한다. 그런데 기후 변화로 얼음이 녹는 속도가 유달리 빨라지면서, 이 생물들의 서식지에 피해를 준다는 과학적 증거가 밝혀졌다.

극지방의 얼음은 지구 전체에도 영향을 미친다. 새하얀 얼음은 태양에서 온 빛과 열을 반사하여 우주로 돌려보냄으로써, 지구를 식히고 기후를 일정하게 유지하는 일을 한다. 이를 '알베도 효과'라고 한다. 극지방의 얼음이 없다면, 태양열이 지구에 갇히면서 지구는 훨씬 더 뜨거워질 것이다. 이 취약한 지역들에 우리가 미치는 영향을 줄이고 변화하는 상황을 계속 지켜보는 것이 매우 중요하다. 그렇지 않다가는 가까운 미래에 북극권에서 얼음이 다 사라질 수도 있다.

그림 설명

북극해 빙원

1: 북극제비갈매기
학명: *Sterna paradisaea*
날개폭: 최대 75cm
이 새는 놀랍게도 북극지방과 남극 대륙을 이주하며 살아간다. 양쪽 극지방의 여름에 맞추어서 오간다. 이들의 이동 거리는 해마다 무려 3만 5,000킬로미터에 이른다.

2: 북극곰
학명: *Ursus maritimus*
길이: 최대 3m
곰 중에서 가장 크고, 육상 포식자 중에서도 가장 크다. 북극곰은 생애의 대부분을 북극해의 해빙 위에서 보낸다. 헤엄을 아주 잘 친다.

3: 외뿔고래
학명: *Monodon monoceros*
길이: 최대 5.5m
수컷은 나선으로 감긴 모양의 뿔을 하나 지닌다. 뿔의 길이는 최대 3미터에 이른다.

4: 북극대구
학명: *Arctogadus glacialis*
길이: 약 32.5cm
놀랍게도 피에 얼지 않게 하는 부동액이 들어 있다. 그래서 극지방의 얼어붙을 듯이 차가운 물에서도 몸이 얼지 않는다.

5: 범고래
학명: *Orcinus orca*
길이: 최대 8m
돌고래류에 속하는 최상위 포식자이며, 사냥할 때 서로 의사소통을 하면서 협력할 수 있으며, 고래 중에서 가장 지능이 높은 편이다(60쪽 참조).

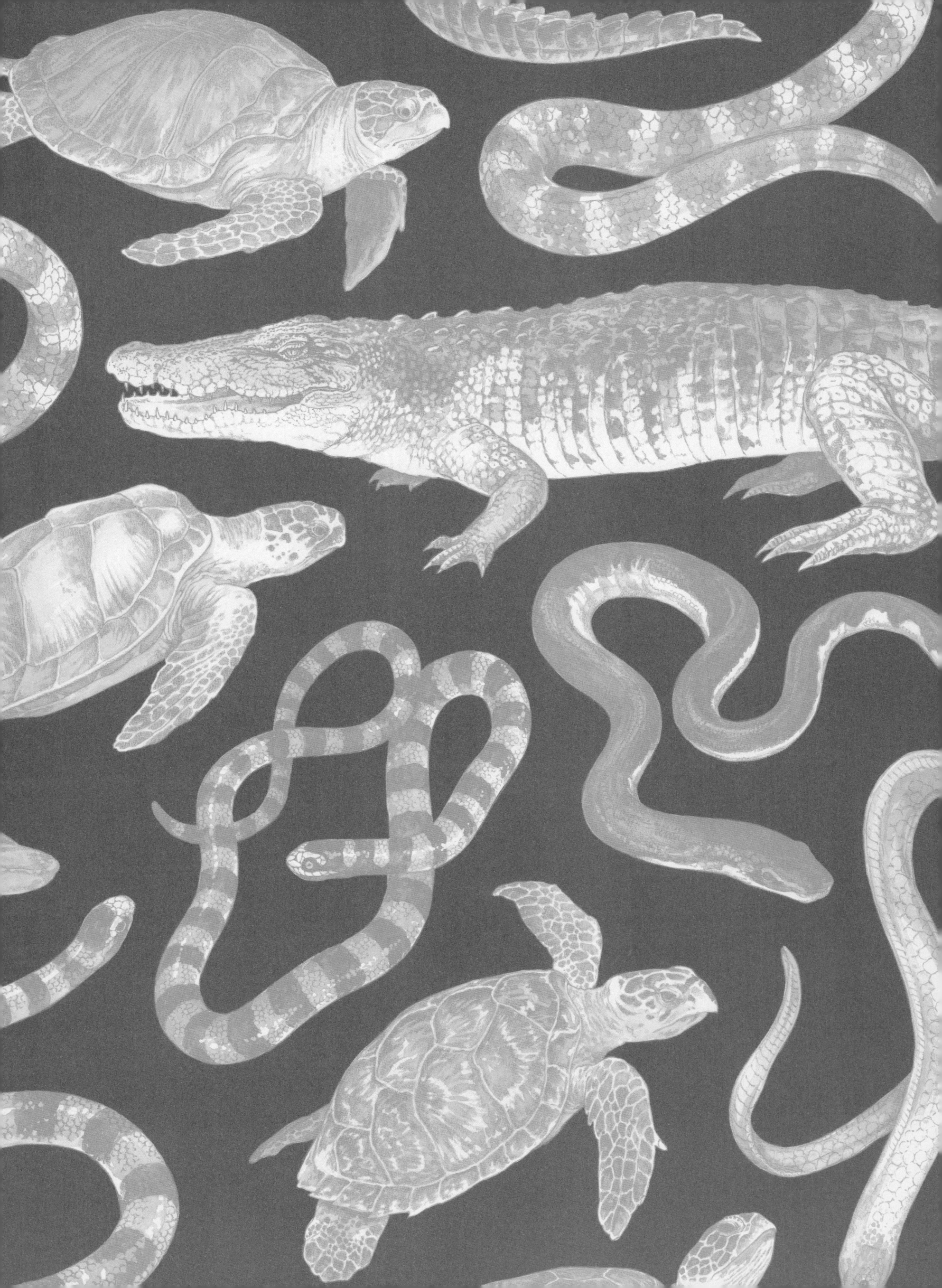

바다 박물관

8 전시실

파충류

거북

바다악어

바다뱀

서식지: 갈라파고스 제도

파충류

거북

바다거북은 약 2억 년 전부터 바다를 돌아다녔다. 오늘날 살고 있는 현생 파충류 중 가장 오래된 집단에 속한다. 몸을 보호하는 두꺼운 등딱지, 유선형 몸, 물갈퀴가 달린 힘센 지느러미발을 지닌 거북은 해양 생활에 아주 잘 적응해 있다. 때로 수천 킬로미터에 걸쳐서 바다 구석구석까지 다 돌곤 하며, 아무런 이정표도 없는 먼바다에서 길을 찾는 놀라운 능력을 갖고 있다.

바다거북은 종마다 식성이 다르다. 붉은바다거북은 잡식성이다. 갑각류, 연체동물, 산호뿐 아니라 해조류도 먹는다. 한편 입맛이 까다로운 거북도 있다. 장수거북은 주로 해파리만 먹는다. 푸른바다거북은 자라면서 식성이 바뀐다. 어릴 때에는 잡식성이지만, 다 자란 뒤에는 거의 초식성이다. 푸른바다거북 성체는 조류와 해초를 주로 먹어서 살이 초록색을 띤다.

거북은 자거나 먹거나 짝짓기 할 때를 뺀 나머지 시간에는 섭식지와 번식지 사이를 이주한다. 장수거북은 먹이로 삼을 해파리를 찾아서 1만 6,000킬로미터를 여행한다고 알려져 있다. 몇몇 붉은바다거북은 먹이를 찾아서 일본에서 멕시코까지 거의 1만 3,000킬로미터를 헤엄쳐 갔다가, 번식하러 다시 일본으로 돌아간다. 왕복 2만 6,000킬로미터 거리를 이동한다.

사람이 위성 항법 장치를 쓰는 것과 비슷한 방식으로, 거북은 지구 자기장을 이용하여 자신이 어느 해변에서 부화했는지를 알아낸다. 그런 다음 자신도 알을 낳기 위해 해마다 그곳으로 돌아간다. 해변까지 가면 무거운 몸을 끌고 모래밭을 기어 올라가서 커다란 구멍을 판 뒤에 알을 낳는다. 한 둥지에 100개까지 낳기도 한다. 알을 다 낳으면 암컷은 바다로 돌아간다. 알은 모래밭 속에서 부화한다. 새끼 거북은 영양가가 풍부한 먹잇감이기에, 알을 깨고 기어 나오는 새끼를 잡아먹으려 많은 포식자들이 기다리고 있다. 방어를 위한 전략으로, 새끼들은 모두 같은 시간에 나와서 바다를 향해 열심히 기어간다. 일단 물에 들어가면, 거북은 평생을 바다에서 보낸다. 단, 암컷은 알을 낳을 때에만 자신이 깨어난 해변으로 돌아온다.

그림 설명

1: 붉은바다거북
학명: *Caretta caretta*
등딱지 길이: 약 1.2m
커다란 머리와 강한 턱을 지닌 이 거북은 조개껍데기와 성게를 깨뜨려서 잡아먹을 수 있다.

2: 대모거북(매부리바다거북)
학명: *Eretmochelys imbricata*
등딱지 길이: 최대 90cm
이 종의 등딱지는 껍데기를 이루는 작은 조각들(인갑)이 서로 겹쳐서 아름다우면서 독특한 무늬를 이룬다는 특징이 있다.

3: 장수거북
학명: *Dermochelys coriacea*
등딱지 길이: 최대 2.2m
몸무게가 약 500킬로그램에 이르며, 현재 살고 있는 바다거북 중 가장 크다. 다른 거북들과 달리 더 차가운 물에서도 헤엄을 칠 수 있다.

4: 올리브각시바다거북
학명: *Lepidochelys olivacea*
등딱지 길이: 최대 60cm
바다거북 중에서 가장 수가 많은 종이며, 엄청나게 많은 개체들이 한꺼번에 바닷가로 몰려와서 알을 낳는 것으로 유명하다. 이를 '아리바다(arribada)'라고 한다.

5: 푸른바다거북
학명: *Chelonia mydas*
등딱지 길이: 약 1.1m
성체일 때 초식성인 유일한 바다거북이며, 바다에 사는 거북을 대표하는 '바다거북'이다. 또 알을 낳는 것 외에 다른 목적으로도 물 밖으로 나가는 유일한 종이다. 해변에서 햇볕을 쬐어 몸을 데우곤 한다.

파충류

바다악어

    바다악어는 현재 살고 있는 파충류 중 가장 크며, 공룡의 시대부터 있었다. 무시무시한 이빨과 긴 근육질 꼬리를 갖춘 무겁고 힘센 동물이다. 몸을 숨기고 있다가 습격하는 방식으로 얼룩말, 물소, 심지어 상어 같은 큰 먹이도 잡을 수 있다. 주로 강과 바다가 만나는 강어귀에 많이 산다.

    바다악어는 지구 동물 중에서 가장 힘센 턱을 지닌 포식자이다. 수면 아래에 고요히 몸을 숨긴 채, 먹잇감이 물가로 물을 마시러 오기를 기다린다. 적당한 기회가 오면 놀라운 속도로 재빨리 덮쳐서 먹이를 강한 턱으로 꽉 물고 물속으로 끌고 들어간다. 물에 들어간 다음에는 몸을 빙빙 돌리면서 먹이를 익사시킨다. 이 기술은 '죽음의 돌리기'라는 이름으로 알려져 있다. 그러나 바다악어가 언제나 난폭한 방식으로 먹는 것은 아니다. 바다악어는 식성이 까다롭지 않으며, 자신이 사는 얕은 물과 해안에서 게, 고둥, 물고기 등 더 작은 동물들을 다양하게 먹는다.

    바다악어는 무시무시한 포식자라고 알려져 있지만, 암컷은 새끼를 세심하게 잘 돌보는 자상한 어미다. 바다악어 암컷은 진흙과 식물을 쌓은 더미 안에 알을 낳은 뒤 계속 지키고 보살핀다. 새끼의 성별은 알 속에서 발

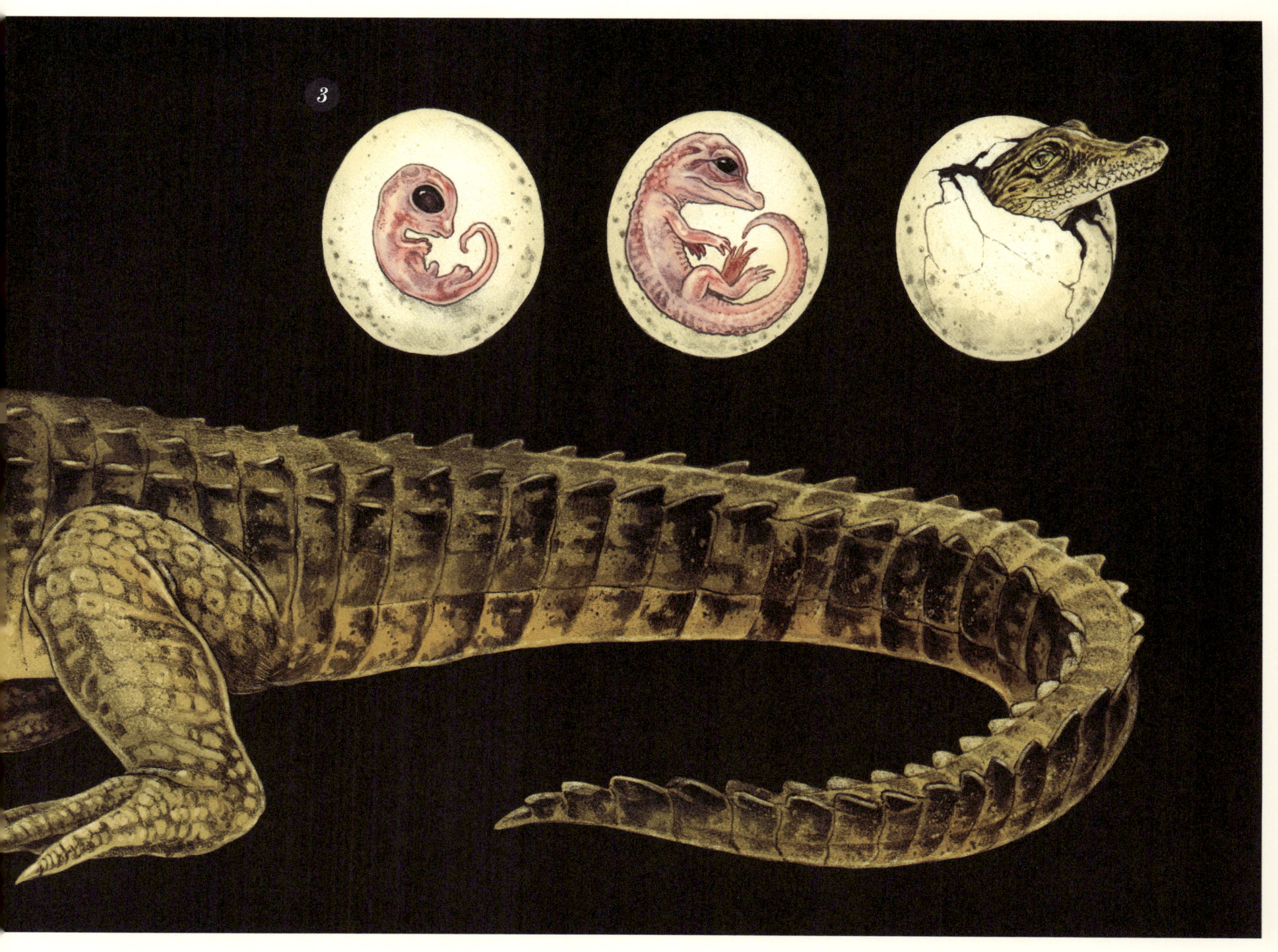

달할 때의 온도에 따라 정해진다. 온도가 낮으면 암컷, 높으면 수컷이 된다. 몇 달 뒤 알에서 나온 새끼들이 소리를 내어 어미를 부를 것이다. 그러면 어미는 둥지를 파고 새끼들을 꺼내어 입 안에 넣어서 물로 데려간다. 그러고는 몇 달 동안 새끼들을 돌본다.

그림 설명

1: **바다악어**
학명: *Crocodylus porosus*
길이: 최대 3.5m(암컷) 5.2m(수컷)
이 인상적인 파충류는 실제로 민물에 살고, 번식할 때에도 민물과 육지에 의존하기 때문에, 엄밀히 따지면 해양 파충류라고 보기 어렵다. 새로운 섬으로 갈 때에만 바다를 건넌다. 과학자들은 바다악어가 바다를 건널 때 물갈퀴 달린 발을 저어서 나아가는 것이 아니라, 파도타기를 하듯이 해류를 타고 간다고 본다.

2: **눈을 확대한 모습**
악어의 눈은 광수용체들이 빽빽하게 모인 부위가 시야에 수평으로 놓여 있다. 즉 머리를 움직이지 않고서도 연안에서 먹이를 탐색할 수 있다는 뜻이다. 눈과 콧구멍이 머리 위쪽에 있으므로, 몸을 거의 다 물에 담근 채로 수면 위를 내다볼 수 있다.

3: **배아의 발달 과정**
암컷은 알을 약 50개 낳는다. 두세 달이 지나면 알이 부화할 때가 된다. 새끼는 주둥이 위에 붙어 있는 '난치'라고 하는 단단한 돌기로 알껍데기를 두드려서 깬다.

파충류

바다뱀

모든 뱀이 헤엄을 칠 수 있긴 하지만 바다뱀은 수중 생활에 아주 잘 적응해 있기 때문에 대개 바다를 결코 떠나지 않는다. 바다뱀은 물에서 태어나서, 헤엄치고, 먹이를 사냥하기 위해 수면 아래로 잠수하고, 공기를 마시기 위해 수면으로 올라오곤 하면서 평생을 보낸다. 육지 뱀에서 진화한 바다뱀 중에서 단 한 집단, 큰바다뱀류만이 번식할 때 육지로 올라간다. 대부분의 종은 몸 바닥 쪽의 거친 비늘을 잃었기에 마른 땅을 비늘로 움켜쥐면서 나아갈 수 없다. 진정한 바다뱀은 육지 뱀처럼 미끄러지면서 나아갈 수가 없다.

헤엄치기 좋게끔 바다뱀은 꼬리가 납작한 노처럼 변했고, 머리가 작고 몸통도 가늘어서 물을 쉽게 가르고 나아갈 수 있다. 바다뱀도 변온동물인 파충류이므로 활동하려면 주변에서 열을 얻어야 한다. 그래서 따뜻한 물에 살아야 한다. 즉 열대 바다에만 살 수 있으며, 많은 종이 해안 가까이에 머문다. 한편 먼바다에 사는 원양성이면서 해류를 타고 돌아다니는 종도 있다.

바다뱀은 바다에서는 얻기 어려운 민물을 가끔 마셔야 한다. 그래서 일부 바다뱀은 비가 오기를 기다린다. 비가 올 때면 잠시 해수면 위로 민물이 얇은 층을 이루기 때문이다. 만약 실수로 짠물을 마시면 염분은 걸러져서 혀 주위의 샘으로 분비된다. 그러면 바다로 뱉어 낸다. 이런 행동 양식과 따뜻한 곳에 살 필요성 때문에 바다뱀은 대서양으로는 퍼지지 못했다. 태평양과 인도양에서 대서양으로 가려면 남아프리카의 희망봉 해역 같은 아주 차갑고 비가 거의 오지 않는 곳을 거쳐야 하기 때문이다.

바다뱀은 맹독을 지닌다. 독은 물고기나 작은 문어 같은 먹잇감을 잡거나 방어할 때 쓴다. 이 독은 신경 독소로, 바다뱀이 물면 상대의 근육을 마비시킨다. 그래서 바다뱀은 공격당할 위험 없이 잡은 먹이를 먹어 치울 수 있다. 사람이 바다뱀에 물리는 일은 아주 드물며, 물려서 죽었다는 사람도 거의 없다.

그림 설명

1: 거북머리바다뱀
학명: *Emydocephalus annulatus*
길이: 최대 90cm
이 뱀은 독이 아주 약하며, 방어하기 위해 적을 물기보다는 대개 피하는 쪽을 택한다. 물고기가 낳은 알만 먹는다.

2: 노란배바다뱀
학명: : *Hydrophis platurus*
길이: 최대 88cm
먼바다에만 살고, 잠수하여 사냥을 한다. 피부로 호흡할 수 있어서, 물속에 더 오래 머물 수 있다.

3: 끈띠바다뱀
학명: *Laticauda colubrina*
길이: 최대 1.5m
이런 큰바다뱀류는 반수생이다. 알을 낳고 먹이를 소화할 때는 뭍으로 올라와서 지낸다. 먹이를 사냥할 때에만 바다로 들어간다. 그래서 해안에서 자주 발견된다.

4: 올리브바다뱀
학명: *Aipysurus laevis*
길이: 최대 2m
다른 모든 뱀과 마찬가지로 이 뱀도 주기적으로 허물을 벗어야 한다. 바깥 피부 가장자리가 산호초에 걸리게 한 뒤, 천천히 몸을 당겨서 허물을 벗겨 낸다. 허물을 벗으면 더 자랄 수 있을 뿐 아니라, 피부에 붙어 있던 기생충도 없앨 수 있다.

5: 벨처바다뱀
학명: *Hydrophis belcheri*
길이: 최대 1m
맹독성이지만, 순하며 사람을 공격하는 일이 거의 없다. 공격한다고 해서 반드시 독소를 주입하는 것은 아니며, 이빨은 길이가 짧아서 물더라도 잠수복을 뚫지 못할 때도 많다.

파충류

서식지: 갈라파고스 제도

갈라파고스 제도는 에콰도르에서 서쪽으로 1,000여 킬로미터 떨어진 적도 지방에 있다. 수심이 3,000미터에 달하는 태평양 한가운데에 솟아오른 이 제도는 오래전 화산 활동으로 생긴 섬들이다. 지금도 몇몇 섬에서는 화산 활동이 일어난다.

기후가 유달리 더운 지역에 있는데도, 갈라파고스 제도의 날씨는 대개 선선하고 보슬비가 잦다. 폭이 800킬로미터에 달하는 훔볼트 해류 때문이다. 훔볼트 해류는 양분이 풍부하고 차가운 해류로서, 갈라파고스의 섬들을 지나가면서 바다 위의 공기도 식힐 뿐 아니라 수백 갈래로 이어지는 먹이 사슬을 지탱하는 플랑크톤이 불어나는 데 필요한 양분도 제공한다.

이 제도와 주변 해역에는 다양하고 특이한 종들이 살고 있다. 이곳에서만 볼 수 있는 종도 많다. 이렇게 어떤 생물이 특정한 지역에만 사는 것을 고유성이라고 한다. 고유성은 섬 생태계의 흔한 특징이다. 본토에서 멀리 떨어져 있으면 고립된 상태에서 종이 진화한다는 뜻이다. 갈라파고스의 가장 유명한 고유종으로 손꼽히는 것은 바다이구아나다. 바다에서 헤엄치는 유일한 이구아나다. 이 파충류는 물속 바위에 붙어 자라는 조류를 뜯어 먹은 뒤, 뭍으로 올라와서 햇볕에 몸을 덥힌다. 1835년 비글호를 타고 여행하던 찰스 다윈이 이 종을 발견해 기록했다. (다윈은 바다이구아나가 '가장 혐오스러우면서 꼴사나운 도마뱀'이라고 썼다.) 바다이구아나는 나중에 다윈이 진화론을 세우고 『종의 기원』을 쓰는 데 기여했다.

갈라파고스 일대에는 약 3,000종의 해양 생물이 산다. 이렇게 많은 종이 살고 그중 상당수가 고유종이므로, 이 제도를 중심으로 약 13만 제곱킬로미터에 달하는 지역이 해양 보호 구역으로 지정되어 있다. 어업을 제한하고 야생 생물을 보호하여 이 놀라운 지역의 독특한 자연을 지키기 위한 노력이다.

그림 설명

에콰도르 공화국 갈라파고스 해안

1: 아메리카군함조
학명: *Fregata magnificens*
날개폭: 최대 2.4m
이 거대한 새는 다른 바닷새를 쪼아서 먹이를 토해 내게 만든다고 알려져 있다. 다른 새가 토한 먹이를 훔쳐 먹는다.

2: 갈라파고스펭귄
학명: *Spheniscus mendiculus*
키: 약 49cm
이 작은 펭귄은 훔볼트 해류의 찬물이 있기에 이 열대 지역에서 살 수 있다.

3: 바다이구아나
학명: *Amblyrhynchus cristatus*
길이: 최대 1m
세계에서 유일한 해양 도마뱀으로, 물속 바위에서 해조류를 뜯어 먹기 알맞게 주둥이가 뭉툭한 모양이다.

4: 갈라파고스가마우지
학명: *Phalacrocorax harrisi*
길이: 최대 1m
포식자가 전혀 없는 곳에서 진화했기에, 날 필요가 없어서 비행 능력을 서서히 잃었다. 그 뒤로 사람들이 고양이와 개를 섬에 들여오는 바람에 쉽게 잡아먹히곤 했다.

5: 갈라파고스붉은게
학명: *Grapsus grapsus*
등딱지 폭: 최대 8cm
이 아름다운 게는 바위가 많은 해안에 살며 아주 날쌔다.

6: 둥근무늬불룩복
학명: *Sphoeroides annulatus*
길이: 약 18cm
복어의 일종이며, 등에 둥근 무늬가 있다.

7: 홍살귀상어
학명: *Sphyrna lewini*
길이: 약 2.5m
독특한 머리 모양이 시야를 넓혀 준다.

8: 킹에인절피시
학명: *Holacanthus passer*
길이: 최대 35cm
암수는 번식기 내내 함께 있으면서 매일 알을 낳는다.

바다 박물관

9 전시실

하나의 바다

서식지: 먼바다

인간과 바다

> 하나의 바다

서식지: 먼바다

해안에서 멀리 나아가면 먼바다가 나온다. 육지는 전혀 보이지 않고 물만 끝없이 펼쳐진 곳이다. 이곳의 동물들은 먹이가 드물고 엄청난 거리를 돌아다녀야 하는 환경에서 살아가는 쪽으로 적응해 있다.

먼바다는 원양(난바다)이라고도 하는데, 바다 밑바닥 바로 위의 가장 깊은 곳부터 수면까지 폭넓게 펼쳐진다. 수심 200미터 아래로는 햇빛이 거의 또는 전혀 들지 않으므로, 바다 생물들은 대부분 위쪽에 모여 산다. 바로 식물성 플랑크톤이 햇빛을 받아서 광합성을 할 수 있는 곳이다. 육상 식물처럼, 식물성 플랑크톤도 양분이 필요하다. 이 양분은 육지로부터 강과 개울을 통해서 바다로 흘러든다. 먼바다는 대개 육지에서 오는 양분이 닿지 못하지만, 그런 양분이 흘러드는 곳에서는 식물성 플랑크톤이 엄청나게 불어나서 매우 다양한 해양 생물들에게 먹이를 제공한다.

작은 동물들은 떼를 지어서 큰 무리를 이루곤 한다. 이렇게 집단행동을 함으로써 많은 개체가 포식자로부터 안전할 수 있다. 작은 물고기들이 엄청나게 떼를 지어 움직이면, 포식자는 물고기 떼와 마주쳤을 때 어느 개체를 골라 사냥할지 헷갈리게 되기 때문이다. 포식자가 공격할 때, 물고기 떼는 서로 더 촘촘히 모여서 공처럼 보이곤 한다. 이를 미끼 공이라고 한다. 물고기들은 더 다닥다닥 붙은 뒤, 포식자의 움직임에 맞추어서 재빨리 움직이고 방향을 바꾸며 피한다. 미끼 공이 오히려 다양한 포식자를 더 끌어들일 수도 있다. 포식자는 종마다 나름의 방법으로 미끼 공을 공격한다. 돌고래는 여럿이 협력하여 미끼 공을 수면 쪽으로 밀어 올린 뒤에, 공이 풀어지면 물고기 떼를 차례로 덮쳐서 잡아먹는다. 다랑어와 상어는 속도와 힘과 민첩함으로 먹이를 공략하고, 고래 같은 입이 큰 포식자는 무리의 한가운데로 돌진하여 수백 마리씩 삼킨다. 이렇게 포식자들이 마구 달려들어서 먹어 치우고 떠나면, 비늘 조각만 남아 아래로 가라앉을 때도 있다.

먼바다의 이야기는 여기에서 끝이 아니다. 이런 해양 포식자가 이 세계의 유일한 사냥꾼이 아니기 때문이다. 사람들이 종종 먼 바다로 와서 온갖 물고기를 잡아서 돌아가는 바람에, 바다의 자원은 점점 줄어들고 있다. 지구의 모든 생물을 지탱하는 바다는 하나임을 명심해야 한다.

--- 그림 설명 ---

태평양 먼바다

1: 상날치
학명: *Exocoetus volitans*
길이: 약 20cm
날치는 날개 같이 생긴 가슴지느러미로 수면 위를 미끄러진다. 대개 50미터쯤 날지만, 공기가 위로 올라가는 상승 기류를 타면 400미터까지도 날 수 있다.

2: 만새기
학명: *Coryphaena hippurus*
길이: 약 1m
암컷은 한 해 동안 두세 차례 알을 낳으며, 한 번에 10만 개에서 100만 개씩 낳는다. 그래서 만새기는 수가 아주 많다.

3: 미흑점상어
학명: *Carcharhinus falciformis*
길이: 약 2.5m
날렵한 사냥꾼이고 먼바다에서 가장 흔한 상어에 속하며, 전 세계의 따뜻한 해역에서 발견된다.

4: 청어
학명: *Clupea pallasii*
길이: 약 25cm
이 작은 물고기는 해양 생태계의 수많은 먹이 사슬에 중요하다. 미국 태평양 연안의 많은 어촌에서는 주로 청어를 잡아서 생활한다.

5: 돛새치
학명: *Istiophorus platypterus*
길이: 약 2.7m
세상에서 가장 빠른 물고기로 여겨지는 종이다. 최대 속도가 시속 110킬로미터에 달한다.

6: 황다랑어
학명: *Thunnus albacares*
길이: 약 1.5m
큰 무리를 지어서 다닌다. 때로는 돌고래나 다른 다랑어 종과도 어울리곤 한다.

7: 낫돌고래
학명: *Lagenorhynchus obliquidens*
길이: 약 2m
옆구리가 하얀 돌고래로 무리 생활을 한다. 많으면 100마리까지 함께 다니곤 한다.

하나의 바다

인간과 바다

바다는 인류의 가장 큰 자산 중 하나다. 약 8,000년 전에 통나무를 파내어 만든 원시적인 배의 잔해가 발견된 바 있다. 이런 고고학 증거들은 인류가 아주 오래전부터 바다와 관계를 맺고 있었음을 보여 준다. 오랜 세월이 흐른 뒤에야 비로소 우리는 바다가 우리에게 어떤 혜택을 주는지를 이해하기 시작했다. 바다는 식량, 교통, 약물, 관광에 기여할 뿐 아니라 최근에는 재생 에너지의 원천 역할도 하고 있다. 바다가 엄청나게 크기 때문에, 예전에는 바다의 자원은 아무리 써도 고갈되지 않을 것이라고 생각했다. 그러나 이제는 그렇지 않다는 것을 안다.

인구가 늘어나면서 우리는 더욱더 바다에 의지하게 되었다. 게다가 해양 자원을 때로 지나치게 소비하는 바람에 환경 문제도 생겼다. 그 결과 전 세계의 야생 생물은 물론이고 인류도 피해를 입고 있다. 플라스틱, 석유, 온실가스 같은 오염 물질이 늘어날 뿐 아니라 해산물 수요도 증가함에 따라, 예전처럼 생명을 지탱할 수 없는 해역들이 늘어나고 있다. 그렇지만 우리는 이 상황을 바꿀 수 있다.

바다는 회복 능력을 지니며, 시간을 들이면 회복될 수 있다. 보호 조치를 취하면 피해가 복구되고 환경이 개선될 수 있다는 연구 결과가 많이 있다. 해양 과학자와 공학자는 예전보다 더 많은 지식과 기술을 활용할 수 있다. 그래서 (친환경 에너지를 제공하는) 풍력 발전 단지 설치, (멸종 위기 종을 지키는) 해양 보호 구역 확대, 더욱더 지속 가능한 어업 방식, 탄소 발자국을 줄이는 생활 습관을 장려하는 활동 등이 이루어지고 있다. 지구가 처한 문제들을 인식하고 도울 방법을 찾으려는 사람들도 점점 늘고 있다. 일상생활에 작은 변화를 일으키든 바다를 지키자는 운동을 펼치든 간에, 사람들은 힘을 모아서 상황을 개선할 수 있고 더 나은 미래를 만들어 갈 수 있다.

그림 설명

1: 해안 풍력 발전 단지
깨끗한 재생 에너지로 전기를 생산한다. 영국은 현재 가장 많은 해상 풍력 발전 단지를 지은 나라이며, 2020년 에너지 공급량의 10퍼센트를 풍력 발전으로 생산했다고 한다.

2: 농업 유출수
작물을 키울 때 쓰이는 살충제는 강을 거쳐 바다로 흘러들어서 많은 해양 동물에게 해를 끼친다. 또 유해 조류 대발생을 일으키기도 한다(10쪽 참조).

3: 대형 어선
큰 어선은 몇 주씩 바다에 머물면서 수천 톤의 물고기를 잡을 수 있다.

4: 양식장
지속 가능한 양식 어업은 지역 환경에 피해를 주거나 해로운 화학 물질을 쓰지 않는다. 야생에서 동물을 잡지 않으면서 사람들에게 건강한 식량을 꾸준히 제공할 수 있다.

5: 생태 관광
생태 관광은 보전과 보호를 도모하는 한편으로 지역 공동체와 해양 서식지에도 도움을 준다.

6: 해양 보호 구역
지금은 세계 바다의 약 4퍼센트만 보호받고 있지만, 이 구역들이 어류 수를 회복시키는 데 기여한다는 것이 드러났다. 필리핀에서는 쥐돔과 전갱이가 세 배로 늘었다.

7: 산호 백화 현상
수온이 올라가거나 바닷물의 화학 조성이 바뀌면 산호 속에서 사는 조류가 사라져서 산호초는 색깔을 잃는다(22쪽 참조).

바다 박물관

자료실

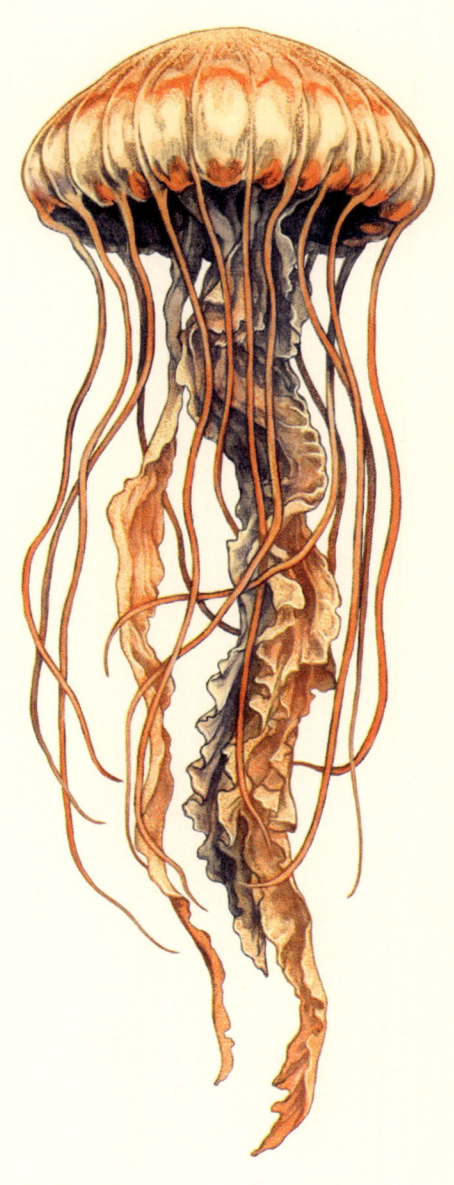

찾아보기

바다 박물관의 큐레이터들

찾아보기

가는동강연치	18~19
가리발디자리돔	68~69
가오리	50~51
갈라파고스 제도	84~85
갈라파고스가마우지	84~85
갈라파고스붉은게	84~85
갈라파고스펭귄	84~85
갑각류	38~39
개복치	12~13
갯민숭달팽이	28~29
거꾸로해파리	16~17
거대등각류	34~35
거미게	38~39
거북	78~79
거북머리바다뱀	82~83
검목상어	52~53
게	20, 38, 42, 56, 84
고둥	28~29
고래류	60~61
고래상어	54~55
고리농게	56~7
곧은가시거미불가사리	32~33
골든트레벌리	54~55, 66
공생집게말미잘	20~21
공작갯가재	40~41
광합성	10, 22, 42, 68, 88
군소	28~29
굴	26~27
권투게	20~21
극피동물	32~33
기각류	64~65
긴주둥이해마	48~49
긴코나비고기	46~47
꽁지가오리	50~51
꽃우산해파리	16~17
끈띠바다뱀	82~83
나그네앨버트로스	72~73
나뭇잎해룡	48~49
남극	74~75
남극 대륙	74~75
남극말미잘	20~21
남극물개	64~65
남방코끼리물범	64~65
남방투구게	38~39
남방해달	68~69
남세균	10~11
낫돌고래	88~89
낫레몬상어	56~57
넓은띠색줄멸	56~57
노르웨이바닷가재	38~39
농업 유출수	90~91
뇌산호	22~23
다모류	12~13
다윈, 찰스	84~85
대모거북(매부리바다거북)	78~79
대빨판이	54~55
대서양먹장어	34~35
대서양새조개	26~27
대서양퍼핀	72~73
대왕고래	62~63
대왕오징어	3
대왕조개	26~27
대왕쥐가오리	50~51
덤보문어	30~31
돌말류	10~11
돌묵상어	52~53
동물성 플랑크톤	12~13
돛새치	88~89
두색비늘돔	46~47
두점고비	42~43
두족류	30~31
둥근무늬불룩복	84~85
듀공	66~67
딸기말미잘	20~21
띠무늬물범	64~65
마리아나해구	5
만다린피시	46~47
만새기	88~89
말미잘	20, 42
망토베도라치	42~43
맹그로브	56~57
머리코돌고래	60~61
먼바다	87~91
모노닥	56~57
목탁수구리	50~51
문어	30~31
물결홍어	50~51
물고기잡이말미잘	20~21
물범	64~65
뭉툭코여섯줄아가미상어	34~35
미국성게	32~33
미흑점상어	88~89
밍크고래	60~61
바다나비	12~13
바다돼지	3, 32~33
바다뱀	82~83
바다사자	64~65
바다소	66~67
바다악어	80~81
바다의 역사	6
바다이구아나	84~85
바다코끼리	64~65
바닷새	72~73
바위 웅덩이	42~43
백상아리	2, 52~53
뱀타래말미잘	20~21
범고래	74~75
베도라치	42~43
베리귀꼴뚜기	30~31
벨리즈 보초	22~23
벨벳게	38~39
벨처바다뱀	82~83
병코돌고래	22~23
보라성게	68~69
보석말미잘	20~21
복족류	28~29
볼락	68~69
북극(북극권)	74~75
북극대구	74~75
북극제비갈매기	74~75
북방감투빗해파리	34~35
북방참집게	38~39
분홍거미고둥	28~29
불가사리	12, 32, 42
불꽃갑오징어	30~31
불꽃개가리비	26~27
붉은바다거북	18, 78~79
붉은부리열대새	72~73
붉은연필성게	32~33
붉은예쁜갯고사리	32~33
북극곰	74~75
블랙드래곤피시	34~35
비단등줄무늬개오지	28~29
비브리오 피셰리	30~31
빅뱅	6
빨간혹불가사리	32
빨판상어	55~56
사슴뿔산호	22~23
산호초	22, 46, 90
상날치	88~89
상어	52~53
상자해파리	16~17
생물 발광	10, 12, 34
생태 관광	90~91
서인도제도바다소	66~67
석회비늘편모류	10~11
성게	68~69
세동가리혹돔	68~69
소라게	38~39
쇠돌고래	60~61
술장식수염상어	52~53
스텔라바다소	66~67
스필하우스	6
스필하우스 투영법	6~7
식물성 플랑크톤	10~13
실고기	48~49
심해저 평원	34~
쌍편모충	10~11
아녹시톱가오리	50~51
아메리카군함조	84~85
아톨라해파리	34~35
아프리카펭귄	72~73
악마불가사리	32~33
안티아스	46
암초대왕쥐가오리	22~23
앵무고기	46~47
앵무조개	30~31
야광충	10~11
양식장	90~91
어류	43~57
얼룩매가오리	50~51
에펄렛상어	52~53
여왕가리비	26~27
연체동물	25~31
열수 분출구	5
오세닥스	34~35
오스트레일리아사다새	72~73
올리브각시바다거북	78~79
올리브바다뱀	82~83
옷감청자고둥	28~29
옹달샘돔	46~47
외뿔고래	74~75
요각류	12~13
월시, 돈	5
윌슨바다제비	72~73
유럽꽃게	12~13, 42~43
유럽샛갓조개	28~29, 42~43
유럽총알고둥	42~43
유럽큰키조개	26~27
유령해파리	16~17
유해 조류 대발생	10
은줄말뚝망둥어	56~57
이루칸지해파리	16~17
이매패류	26~27
자리돔	22, 46, 68
자이언트켈프	68~69
자포동물	15~23
작은부레관해파리	18~19
작은북방따개비	38~39
잔점박이물범	64~65
장수거북	78~79
장완흉상어	52~53
재갈매기	2, 72~73
전구멍게	42~43
절지동물	37~43
점박이곰치	22~23
점박이전기가오리	50~51
조류(바닷말)	10~11
조류(새)	71~75
좁은컵해파리	16~17
지옥불말미잘	20~21
진보라고둥	28~29
진주담치	26~27
참돌고래	60~61
참바리	46~47
청반점갯민숭달팽이	28~29
청소고기	46~47
청어	3, 88~89
청줄청소놀래기	46~47
초심해층	5
카이사르벤자리	22~23
캘리포니아바다사자	64~65
켈프 숲	2, 68~69
크릴	12~13
큰가리맛조개	26~27
큰배해마	48~49
큰산호말미잘	20~21
킹에인절피시	84~85
태평양쐐기풀해파리	16~17
테이블산호	22~23
통의바리	46~47
파란갯민숭달팽이	18, 28~29
파란고리문어	30~31
파랑양쥐돔	46~47
파랑자리돔	22~23
파리지옥말미잘	20~21
파충류	77~85

판게아	6
포유류	59~69
표범상어	68~69
표범해삼	32~33
푸른바다거북(바다거북)	22~23, 78~79
푸른발부비새	72~73
푸른불가사리	32~33
푸쿠스 베시쿨로수스	42~43
풀잉어	56~57
풍력 발전 단지	90~91
플랑크톤	9~13
피그미해마	48~49
피카드, 자크	5
할리퀸새우	38~39
할리퀸유령실고기	48~49
해달	68~69
해마	48~49
해변말미잘	42~43
해양 보호 구역	90~91
해파리	16~17
향유고래	60~61
혹등고래	3, 60~61
혹등아귀	34~35
혹집낙지	30~31
홍살귀상어	84~85
홍어	50~51
황다랑어	88~89
황록공생조류	22~23
황새치	12~13
황소다시마	68~69
황제펭귄	72~73
훔볼트오징어	30~31
흰고래	60~61
흰긴수염고래	62~63
흰동가리	20~21, 46~47
흰배환도상어	52~53
흰점해파리	16~17
흰줄닭새우	38~39

학명으로 찾아보기

Acanthaster planci	32~33
Acanthurus leucosternon	46~47
Acropora cervicornis	22~23
Acropora cytherea	22~23
Actinia equina	42~43
Actinia fragacea	20~21
Actinodendron plumosum	20~21
Actinoscyphia aurelia	20~21
Aequipecten opercularis	26~27
Aetobatus narinari	50~51
Aipysurus laevis	82~83
Alabaster Murex	28~29
Alopias vulpinus	52~53
Amblyrhynchus cristatus	84~85
Amphiprion ocellaris	46~47
Anemonia sulcata	20~21
Anoxypristis cuspidata	50~51
Antedon bifida	32~33
Aplysia punctata	28~29
Aptenodytes forsteri	72~73
Arctocephalus gazella	64~65
Arctogadus glacialis	74~75
Argonauta nodosa	30~31
Asterias rubens	42~43
Asterias sp.	12~13
Atherinomorus lacunosus	56~57
Atolla wyvillei	34~35
Atrina fragilis	26~27
Balaenoptera acutorostrata	60~61
Balaenoptera musculus	62~63
Bathynomus giganteus	34~35
Bohadschia argus	32~33
Bolinopsis infundibulum	34~35
Calanus glacialis	12~13
Calliactis parasitica	20~21
Carcharhinus falciformis	88~89
Carcharhinus longimanus	52~53
Carcharodon carcharias	52~53
Carcinus maenas	42~43
Caretta caretta	78~79
Cassiopea andromeda	16~17
Cephalopholis miniata	46~47
Cephalorhynchus commersonii	60~61
Cerastoderma edule	26~27
Ceratium ranipes	10~11
Cetorhinus maximus	52~53
Cetoscarus bicolor	46~47
Chaetoceros debilis	10~11
Chelonia mydas	22~23, 78~79
Chironex fleckeri	16~17
Chromis cyanea	22~23
Chromodoris annae	28~29
Chrysaora fuscescens	16~17
Clavelina lepadiformis	42~43
Clupea pallasii	88~89
Conus textile	28~29
Corynactis viridis	20~21
Coryphaena hippurus	88~89
Coryphoblennius galerita	42~43
Crocodylus porosus	80~81
Cyanea capillata	16~17
Cypraea tigris	28~29
Delphinapterus leucas	60~61
Delphinus delphis	60~61
Dendraster excentricus	32~33
Dermochelys coriacea	78~79
Diomedea exulans	72~73
Diploria labyrinthiformis	22~23
Ditylum brightwellii	10~11
Dosidicus gigas	30~31
Dugong dugon	67
Edwardsiella andrillae	20~21
Emiliania huxleyi	10~11
Emydocephalus annulatus	82~83
Enhydra lutris nereis	68~69
Ensis magnus	26~27
Entacmaea quadricolor	20~21
Enteroctopus dofleini	30~31
Eretmochelys imbricata	78~79
Eucrossorhinus dasypogon	52~53
Euphausia superba	12~13
Euprymna berryi	30~31
Exocoetus volitans	88~89
Forcipiger flavissimus	46~47
Fratercula arctica	72~73
Fregata magnificens	84~85
Fucus vesiculosus	42~43
Glaucus atlanticus	28~29
Gnathanodon speciosus	54~55
Gobiusculus flavescens	42~43
Grapsus grapsus	84~85
Grimpoeuthis bathynectes	30~31
Gymnothorax moringa	22~23
Haemulon carbonarium	22~23
Haliclystus auricula	16~17
Hapalochlaena lunulata	30~31
Hemiscyllium ocellatum	52~53
Heterocentrotus mammillatus	32~33
Hexanchus griseus	34~35
Hippocampus abdominalis	48~49
Hippocampus bargibanti	48~49
Hippocampus guttulatus	48~49
Holacanthus passer	84~85
Hydrodamalis gigas	66~67
Hydrophis belcheri	82~83
Hydrophis platurus	82~83
Hymenocera picta	38~39
Hypsypops rubicundus	68~69
Idiacanthus atlanticus	34~35
Isistius brasiliensis	52~53
Istiophorus platypterus	88~89
Janthina janthina	28~29
Labroides dimidiatus	46~47
Lagenorhynchus obliquidens	88~89
Larus argentatus	72~73
Laticauda colubrina	82~83
Lepidochelys olivacea	78~79
Limacina helicina	12~13
Limaria hians	26~27
Linckia laevigata	32~33
Littorina littorea	42~43
Lobatus gigas	28~29
Macrocheira kaempferi	38~39
Macrocystis pyrifera	68~69
Magallana gigas	26~27
Malo kingi	16~17
Megalops cyprinoides	56~57
Megaptera novaeangliae	60~61
Melanocetus johnsonii	34~35
Metasepia pfefferi	30~31
Mirounga leonine	64~65
Mobula alfredi	22~23
Mobula birostris	50~51
Monodactylus argenteus	56~57
Monodon monoceros	74~75
Mytilus edulis	26~27
Myxine glutinosa	34~35
Nautilus pompilius	30~31
Necora puber	38~39
Negaprion acutidens	56~57
Nephrops norvegicus	38~39
Nereocystis luetkeana	68~69
Noctiluca scintillans	10~11
Nomeus gronovii	18~19
Oceanites oceanicus	72~73
Olindias formosus	16~17
Ophiothrix spiculata	32~33
Orcinus orca	74~75
Osedax mucofloris	34~35
Pagurus bernhardus	38~39
Panulirus versicolor	38~39
Patella vulgata	28~29, 42~43
Periophthalmus argentilineatus	56~57
Phaethon aethereus	72~73
Phalacrocorax harrisi	84~85
Phoca vitulina	64~65
Phocoena phocoena	60~61
Phycodurus eques	48~49
Phyllorhiza punctata	16~17
Physalia physalis	18~19
Physeter macrocephalus	60~61
Pomacanthus imperator	46~47
Prochlorococcus marinus	10~11
Protoreaster linckii	32~33
Raja undulata	50~51
Remora remora	54~55
Rhina ancylostoma	50~51
Rhincodon typus	54~55
Rhizophora racemosa	56~57
Scotoplanes globosa	32~33
Sebastes sp.	68~69
Semibalanus balanoides	38~39
Semicossyphus pulcher	68~69
Siratus alabaster	28~29
Solenostomus paradoxus	48~49
Spheniscus demersus	72~73
Spheniscus mendiculus	84~85
Sphoeroides annulatus	84~85
Sphyrna lewini	84~85
Sterna paradisaea	74~75
Strongylocentrotus purpuratus	68~69
Sula nebouxii	72~73
Synchiropus splendidus	46~47
Tachypleus gigas	38~39
Taeniura lymma	50~51
Thunnus albacares	88~89
Tomopteris sp.	12~13
Torpedo marmorata	50~51
Triakis semifasciata	68~69
Trichechus manatus	67
Tridacna gigas	26~27
Tursiops truncatus	22~23
Uca annulipes	56~57
Ursus maritimus	74~75
Urticina piscivora	20~21
Xiphias gladius	12~13
Zalophus californianus	64~65

바다 박물관의 큐레이터들

티건 화이트는 화가이자 일러스트레이터이며 미국 북서부에서 살고 있습니다.
동물과 식물을 세밀하게 묘사하면서 자연의 섬세한 아름다움을 표현하는 일을 합니다.
그와 동시에 사람과 자연 사이의 걱정스러운 관계도 솔직하게 그림에 담습니다.
현재 워싱턴 대학교의 해안 관찰 및 바닷새 조사단과 오리건 해안 감시단으로도 활동하고 있습니다.
인간의 활동에 따라 생태계의 건강이 어떻게 달라지는지를 지켜보기 위한 시민 과학 사업으로서,
바닷새의 사망 원인 경향을 파악하기 위한 기초 자료를 모으는 작업에 참여합니다.

러브데이 트리닉은 해양 보전 트러스트의 교육 담당자로 일하는 해양 생물학자입니다.
영국 플리머스에 자리하는 영국 국립 해양 아쿠아리움에서 아이들에게 바다의 이모저모와
바다가 우리에게 왜 중요한지를 가르치고 있습니다. 아이들이 동물들로부터 배우고
해양 환경과 자신이 연결되어 있다는 사실을 깨닫는 모습을 지켜보면서 기쁨을 느낍니다.
생태 교육이 미래 세대가 바다를 보전하도록 돕는 최선의 방법이라고 믿습니다.

옮긴이 **이한음**은 서울대학교 생물학과를 졸업한 후, 과학 전문 번역가로 일하고 있습니다.
옮긴 책으로 『동물 박물관』, 『식물 박물관』, 『인체 박물관』 등이 있습니다.

내 책상 위 자연사 박물관
바다 박물관

1판 1쇄 펴냄 — 2021년 5월 31일, 1판 2쇄 펴냄 — 2022년 8월 31일

그린이 티건 화이트 글쓴이 러브데이 트리닉 옮긴이 이한음
펴낸이 박상희 편집주간 박지은 편집 김지호 디자인 이슬기
펴낸곳 (주)비룡소 출판등록 1994. 3. 17.(제16-849호)
주소 06027 서울시 강남구 도산대로1길 62 강남출판문화센터 4층
전화 영업 02)515-2000 팩스 02)515-2007 편집 02)3443-4318,9 홈페이지 www.bir.co.kr
제품명 Welcome to the Museum 제조자명 WKT Company Limited
제조국명 중국 수입자명 (주)비룡소 제조년월 2021년 3월 사용연령 3세 이상

ISBN 978-89-491-5136-6 74490/ ISBN 978-89-491-5132-8(세트)